Utilize este código QR para se cadastrar de forma mais rápida:

Ou, se preferir, entre em:
www.moderna.com.br/ac/livroportal
e siga as instruções para ter acesso aos conteúdos exclusivos do
Portal e Livro Digital

CÓDIGO DE ACESSO:
A 00418 BUPPORT1E 4 43993

Faça apenas um cadastro. Ele será válido para:

SANTILLANA EDUCAÇÃO — Richmond — SANTILLANA ESPAÑOL

6612113179 BURITI PLUS POR 4 LA_6041

CB052787

Da semente ao livro,
sustentabilidade por todo o caminho

Plantar florestas
A madeira que serve de matéria-prima para nosso papel vem de plantio renovável, ou seja, não é fruto de desmatamento. Essa prática gera milhares de empregos para agricultores e ajuda a recuperar áreas ambientais degradadas.

Fabricar papel e imprimir livros
Toda a cadeia produtiva do papel, desde a produção de celulose até a encadernação do livro, é certificada, cumprindo padrões internacionais de processamento sustentável e boas práticas ambientais.

Criar conteúdos
Os profissionais envolvidos na elaboração de nossas soluções educacionais buscam uma educação para a vida pautada por curadoria editorial, diversidade de olhares e responsabilidade socioambiental.

Construir projetos de vida
Oferecer uma solução educacional Moderna é um ato de comprometimento com o futuro das novas gerações, possibilitando uma relação de parceria entre escolas e famílias na missão de educar!

MODERNA

Apoio: TWO SIDES
www.twosides.org.br

Fotografe o Código QR e conheça melhor esse caminho.
Saiba mais em moderna.com.br/sustentavel

BURITI Plus PORTUGUÊS 4

Organizadora: Editora Moderna

Obra coletiva concebida, desenvolvida e produzida pela Editora Moderna.

Editora Executiva:
Marisa Martins Sanchez

DE ACORDO COM A BNCC

Acompanha este livro:
- **Caderno do Escritor**

NOME: ....
....TURMA: ....
ESCOLA: ....
....

1ª edição

MODERNA

Editora Moderna © 2018

MODERNA

Elaboração dos originais

Marisa Martins Sanchez
Licenciada em Letras pelas Faculdades São Judas Tadeu. Professora de Português em escolas públicas e particulares de São Paulo por 11 anos. Editora.

Christina Binato
Licenciada em Letras pela Universidade Mackenzie. Editora.

Mary Cristina Pereira da Silva
Bacharel em Comunicação Social pela Universidade de Mogi das Cruzes. Licenciada em Letras pela Universidade Guarulhos. Pós-graduada em Língua Portuguesa pela Pontifícia Universidade Católica de São Paulo. Jornalista e editora.

Sueli Campopiano
Bacharel em Ciências Sociais pela Universidade de São Paulo. Editora.

Márcia Braga
Licenciada em Pedagogia pelo Centro Universitário Assunção. Professora do Ensino Fundamental em escolas particulares. Orientadora educacional do Ensino Fundamental em escolas particulares.

Mara Cristina Dias Pereira
Bacharel e licenciada em Letras pela Universidade de São Paulo. Professora do Ensino Fundamental em escolas particulares. Assessora pedagógica na área de linguagem em escolas públicas e particulares.

Cristiane Luiza Gavaldon
Licenciada em Pedagogia pela Universidade São Judas Tadeu. Professora do Ensino Fundamental em escolas particulares.

Cristiane Maia Pimentel
Bacharel e licenciada em Letras pela Universidade de São Paulo. Professora do Ensino Fundamental em escolas particulares. Professora de Redação em projeto da Secretaria de Educação de São Paulo.

Miriam Louise Sequerra
Graduada em Psicologia pela Universidade de São Paulo. Coordenadora pedagógica do Ensino Fundamental em escolas particulares.

Daniela Pedroso
Licenciada em Educação Artística pela Universidade Federal do Paraná. Professora de Arte em escolas públicas e particulares. Coordenadora de ensino da Arte do Ensino Fundamental da Secretaria Municipal de Educação de Curitiba.

Jogo de apresentação das *7 atitudes para a vida*

Gustavo Barreto
Formado em Direito pela Pontifícia Universidade Católica (SP). Pós-graduado em Direito Civil pela mesma instituição. Autor dos jogos de tabuleiro (*boardgames*) para o público infantojuvenil: Aero, Tinco, Dark City e Curupaco.

Coordenação editorial: Sueli Campopiano
Edição de texto: Sueli Campopiano, Mary Cristina Pereira da Silva, Acáccio Silva
Assistência editorial: Magda Reis
Consultoria pedagógica: Elvira Souza Lima
Pesquisa de textos: Luciana Saito
Gerência de *design* e produção gráfica: Everson de Paula
Coordenação de produção: Patricia Costa
Suporte administrativo editorial: Maria de Lourdes Rodrigues
Coordenação de *design* e projetos visuais: Marta Cerqueira Leite
Projeto gráfico: Daniel Messias, Daniela Sato, Mariza de Souza Porto
Capa: Daniel Messias, Otávio dos Santos, Mariza de Souza Porto, Cristiane Calegaro
    Ilustração: Raul Aguiar
Coordenação de arte: Wilson Gazzoni Agostinho
Edição de arte: Daiane Alves Ramos, Regiane Santana
Editoração eletrônica: MRS Editorial
Coordenação de revisão: Elaine C. del Nero
Revisão: Célia Cassis, Kiel Pimenta, Maria Izabel Bitencourt, Renato Bacci, Renato da Rocha Carlos, Salete Brentan
Coordenação de pesquisa iconográfica: Luciano Baneza Gabarron
Pesquisa iconográfica: Mariana Veloso
Coordenação de *bureau*: Rubens M. Rodrigues
Tratamento de imagens: Fernando Bertolo, Joel Aparecido, Luiz Carlos Costa, Marina M. Buzzinaro
Pré-impressão: Alexandre Petreca, Everton L. de Oliveira, Marcio H. Kamoto, Vitória Sousa
Coordenação de produção industrial: Wendell Monteiro
Impressão e acabamento: Bercrom Gráfica e Editora
Lote: 768.574
Cód.: 12113179

Dados Internacionais de Catalogação na Publicação (CIP)
(Câmara Brasileira do Livro, SP, Brasil)

Buriti plus português / organizadora Editora Moderna ; obra coletiva concebida, desenvolvida e produzida pela Editora Moderna. — 1. ed. — São Paulo : Moderna, 2018. (Projeto Buriti)

Obra em 5 v. para alunos do 1º ao 5º ano.

1. Português (Ensino fundamental)

18-16393   CDD-372.6

Índices para catálogo sistemático:

1. Português : Ensino fundamental 372.6

Maria Alice Ferreira – Bibliotecária – CRB-8/7964

ISBN 978-85-16-11317-9 (LA)
ISBN 978-85-16-11318-6 (GR)

Reprodução proibida. Art. 184 do Código Penal e Lei 9.610 de 19 de fevereiro de 1998.
Todos os direitos reservados
EDITORA MODERNA LTDA.
Rua Padre Adelino, 758 – Belenzinho
São Paulo – SP – Brasil – CEP 03303-904
Vendas e Atendimento: Tel. (0_ _11) 2602-5510
Fax (0_ _11) 2790-1501
www.moderna.com.br
2022
Impresso no Brasil

1 3 5 7 9 10 8 6 4 2

Que tal começar o ano conhecendo seu livro?

Veja nas páginas 6 a 9 como ele está organizado.

Nas páginas 10 e 11, você fica sabendo os assuntos que vai estudar.

Neste ano, também vai conhecer e colocar em ação algumas atitudes que ajudarão você a conviver melhor com as pessoas e a solucionar problemas.

7 atitudes para a vida

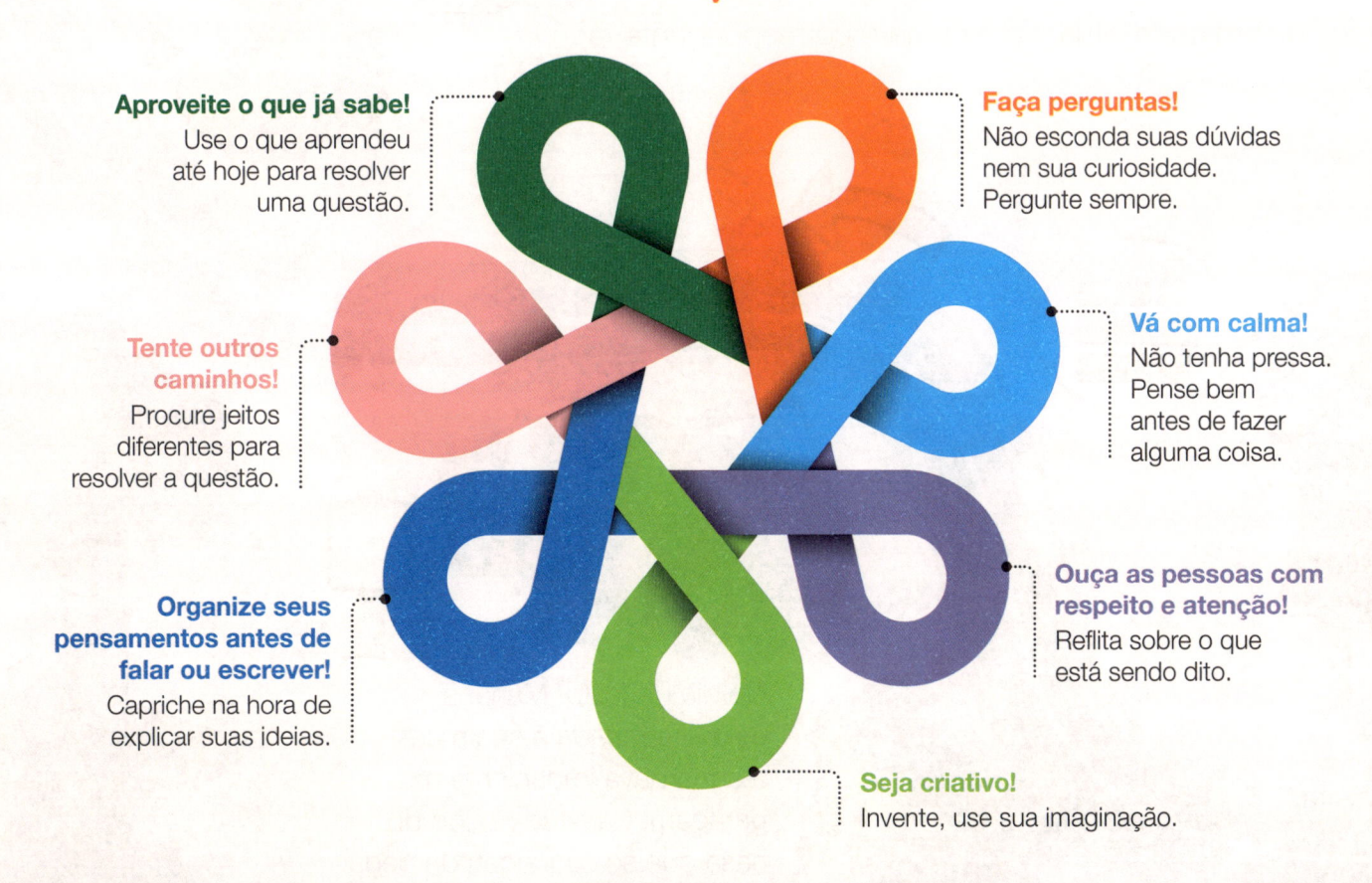

Aproveite o que já sabe!
Use o que aprendeu até hoje para resolver uma questão.

Faça perguntas!
Não esconda suas dúvidas nem sua curiosidade. Pergunte sempre.

Tente outros caminhos!
Procure jeitos diferentes para resolver a questão.

Vá com calma!
Não tenha pressa. Pense bem antes de fazer alguma coisa.

Organize seus pensamentos antes de falar ou escrever!
Capriche na hora de explicar suas ideias.

Ouça as pessoas com respeito e atenção!
Reflita sobre o que está sendo dito.

Seja criativo!
Invente, use sua imaginação.

Nas páginas 4 e 5, há um jogo para você começar a praticar cada uma dessas atitudes.

Divirta-se!

Indo à festa

Mariana foi convidada para a festa de aniversário de sua amiga Ângela, mas enfrentou algumas dificuldades para chegar lá. Se ela tivesse usado as atitudes adequadas, sua ida à festa teria sido mais tranquila.

Vamos ajudá-la mostrando a melhor atitude em cada situação?

1. Faça perguntas!
2. Ouça as pessoas com respeito e atenção!
3. Vá com calma!
4. Seja criativo!
5. Tente outros caminhos!
6. Aproveite o que já sabe!
7. Organize seus pensamentos!

Indique em cada situação o número correspondente à melhor atitude.

No dia da festa, Mariana estava atrasada e sua mãe a aguardava impaciente na garagem. Saiu tão rápido de casa que se esqueceu de pegar o endereço do salão de festas!

Ângela estava explicando como chegar ao salão de festas, mas Mariana a interrompeu dizendo que não precisava explicar, porque ela conhecia a rua onde fica o salão.

Ao entrar no carro, percebeu que estava sem o endereço, mas não havia tempo para voltar e ficou com vergonha de ligar para a amiga e perguntar o endereço. Preferiu seguir mesmo sem ter o endereço completo.

O caminho que Mariana escolheu não foi o melhor. Ela viu que levaria muito tempo, pois a rua onde entraram estava em obras. Provavelmente Ângela teria dito isso a ela se não tivesse sido interrompida. Mariana não sabia o que fazer.

Mariana já estivera naquela rua, por isso, foi orientando o caminho para a mãe.

Ocorreram-lhe várias ideias ao mesmo tempo. Ela não sabia se devia voltar para pegar o endereço, se arriscava outro caminho, se ligava para alguém pedindo ajuda...

Mariana já não conseguia mais encontrar o caminho certo. Estava pensando em desistir de ir à festa... E agora, o que fazer?

5

Conheça seu livro

Veja como ele foi organizado para ajudá-lo.

Abertura da unidade

Uma imagem pode ter muitos significados e cada pessoa pode ver coisas diferentes nela. Aqui você fala o que vê e o que sabe a respeito da imagem e do tema da unidade.

Leitura: textos 1 e 2

Para que você lê? Pense nestes motivos:

Ler por prazer

Conto, texto dramático, história em quadrinhos

Com esses textos, você se diverte, se emociona, sonha e se distrai.

LER POR PRAZER

Ler para se informar

Propaganda, entrevista, artigo de divulgação científica

Com esses textos, você se informa sobre diversos temas, fica sabendo o que acontece no Brasil e no mundo e desenvolve seu senso crítico.

LER PARA SE INFORMAR

Ler para aprender

Texto expositivo, de dicionário, da internet

Com esses textos, você estuda para a prova, faz as lições, faz pesquisas para conhecer mais sobre um assunto ou para fazer os trabalhos de escola. Aprende as regras de um jogo, a montar brinquedos etc.

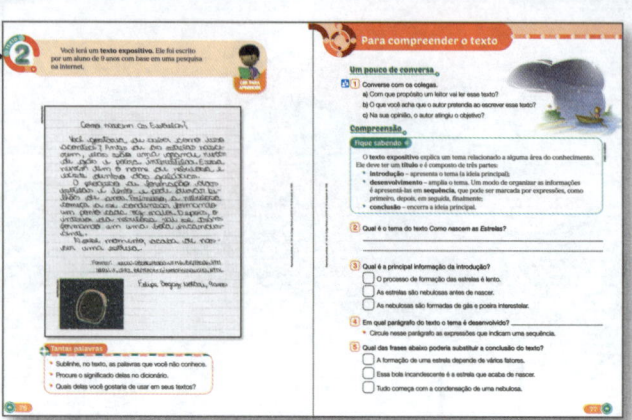

LER PARA APRENDER

6

Para falar e escrever melhor

Selecionamos informações e preparamos atividades para que você se comunique cada vez melhor.

Oficina das palavras

Você acha que escrever é um bicho de sete cabeças?
Nem tanto...
Na *Oficina das palavras*, você escreve só um pouquinho...

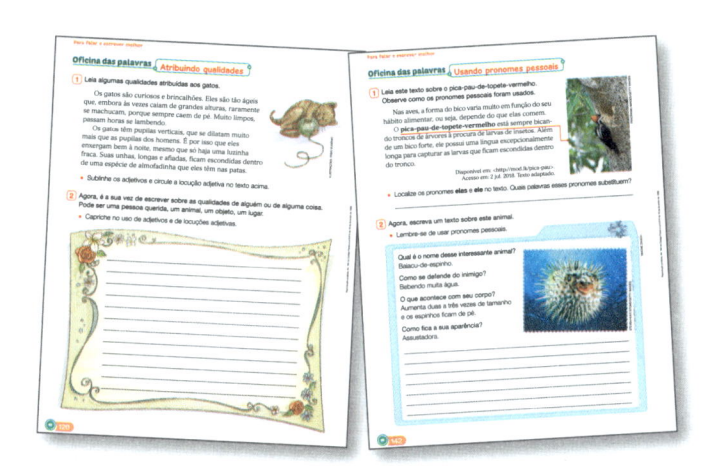

Comunicação escrita

... Depois, na *Comunicação escrita* a turma toda participa, e escrever um pouco mais fica fácil!
É só seguir as instruções.

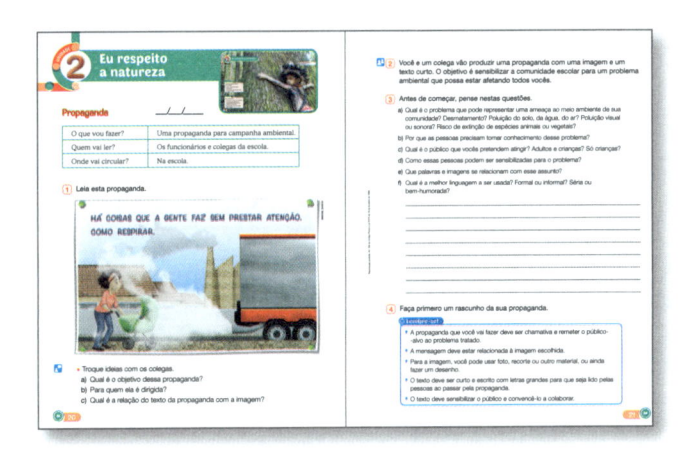

A seção *Comunicação escrita* está inteirinha no **Caderno do Escritor**. Assim, você pode levá-lo aonde quiser para escrever seu texto.

No Caderno há também um espaço próprio para você registrar as palavras que pesquisou em *Tantas palavras*.

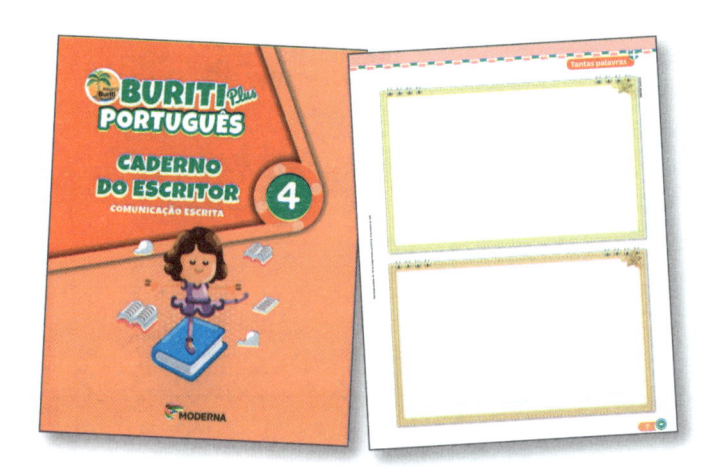

Comunicação oral

Para se comunicar bem, tem de aprender a falar direito. Aqui você aprende a contar histórias, fazer entrevistas, ler poemas e muito mais.

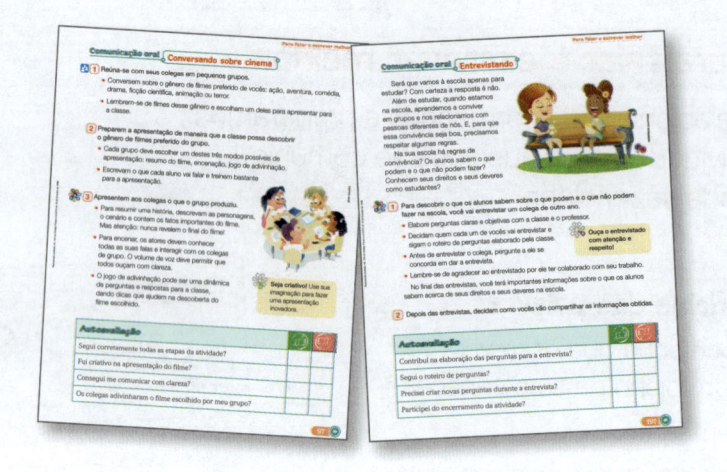

Gramática

Conhecer como a língua portuguesa se organiza ajuda você a se comunicar por escrito e oralmente.

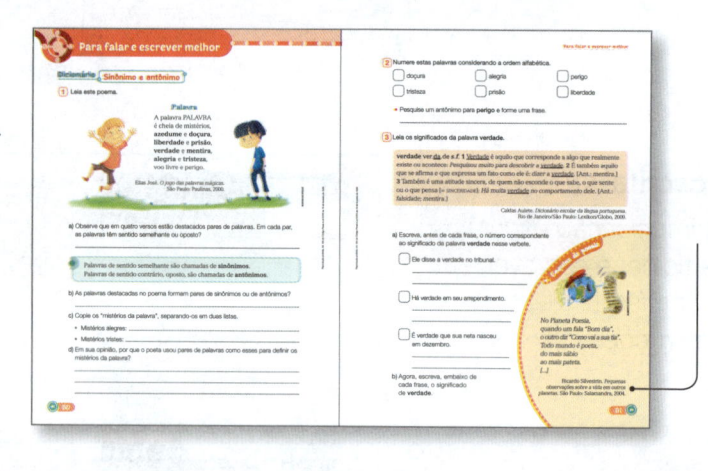

Esquina da Poesia

Faça uma parada nesta esquina e aprecie o poema!

Ortografia

Você vive trocando as letras? Não se preocupe... Com algumas dicas e muito treino, vai ficar fácil escrever corretamente.

Não confunda!

Será que você se lembra de que letra deve usar na escrita de algumas palavras?

Dicionário

Atividades para você aprender a consultar o dicionário e, assim, conhecer mais as palavras.

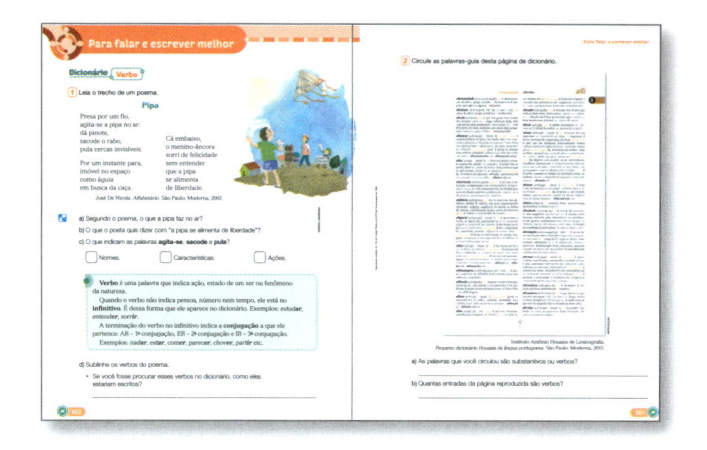

Memória visual

Brincando e observando, você também treina ortografia.

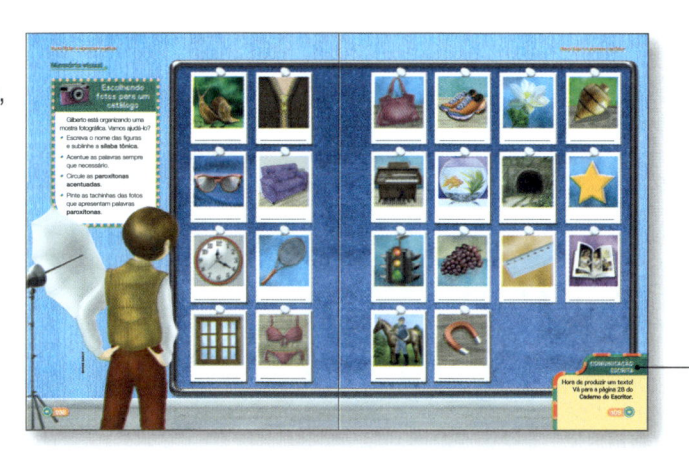

Fique atento!

Agora é o momento de usar seu **Caderno do Escritor** e produzir um texto.

Tabelas de gramática

Estas tabelas são para sua consulta enquanto estuda.

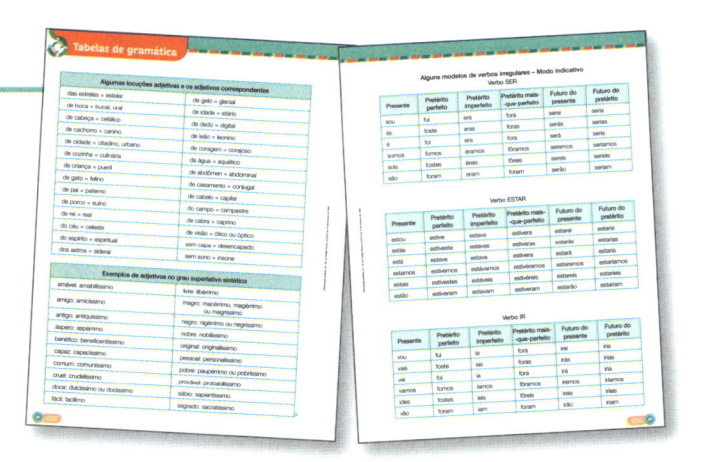

Ícones utilizados

Para indicar como realizar as atividades

Atividade oral

Dupla

Grupo

Para indicar a conversa sobre temas de cidadania

Para indicar habilidades que você vai usar para se relacionar com os outros e consigo mesmo

Para indicar objetos digitais

Mapa de conteúdos

UNIDADE	TEXTO 1	PARA FALAR E ESCREVER MELHOR			
		Gramática	Ortografia	Oficina das palavras	Comunicação oral
1 Eu sou esperto — Página 12	Texto dramático *Biliri e o pote vazio* Ricardo Karman — 14	Fonema e letra — 22	Dicionário: indicação de pronúncia — 24	Percebendo as diferenças — 26	Ensinando a fazer uma mágica — 27
2 Eu respeito a natureza — Página 38	Conto *Pra dar no pé* Pedro Antonio de Oliveira — 40	Encontro consonantal — 45	Divisão silábica dos encontros CT, DJ, GN, PC, PÇ, PN, PS, PT e TM — 48	Destravando a língua — 50	Debatendo sobre boato — 51
3 Eu busco explicações — Página 62	Mito *As estrelas nos olhos dos meninos* Reginaldo Prandi — 64	Vocativo — 69	Acentuação — 71	Brincando com a sílaba tônica — 74	Explicando provérbios — 75
4 Eu vou ao cinema — Página 86	Resenha *Nova animação Divertida Mente brinca com os sentimentos* Sérgio Rizzo — 88	Variedades da língua — 92	Acentuação de palavras paroxítonas 1 — 94	Entendendo gírias — 96	Conversando sobre cinema — 97
5 Eu conheço meu cérebro — Página 110	História em quadrinhos *Driblando a dor* Roberto Lent e Flávio Dealmeida — 112	Adjetivo e locução adjetiva — 116	Terminação OSO/OSA — 118	Atribuindo qualidades — 120	Expondo emoções — 121
6 Eu me informo — Página 132	Primeira página de jornal *Primeira página de jornal – O Globo* — 134	Pessoas gramaticais e pronome pessoal — 138	G e J — 140	Usando pronomes pessoais — 142	Apresentando uma notícia — 143
7 Eu tenho problemas — Página 154	Conto *O soldado pacífico* Maria Mañeru — 156	Dicionário: verbo — 160	Terminações EZ e EZA — 162	Conjugando verbos — 164	Contando uma história — 165
8 Eu sou cidadão — Página 178	Discurso *Discurso de Malala Yousafzai no Prêmio Nobel da Paz* — 180	Concordância: substantivo e verbo — 185	ISAR e IZAR — 188	Concordando pessoa e verbo — 190	Entrevistando — 191

TEXTO 2

PARA FALAR E ESCREVER MELHOR

	Gramática	Ortografia	Comunicação escrita
Conto de artimanha *A esperteza do tatu* Rosane Pamplona **28**	Encontro vocálico **34**	Divisão silábica em encontros vocálicos **35** Memória visual **36**	Instruções de jogo Caderno do Escritor **16**
Propaganda *Propaganda dos Publicitários Sem Fronteiras* **52**	Dígrafo **56**	Divisão silábica dos dígrafos **58** Memória visual **60**	Propaganda Caderno do Escritor **20**
Texto expositivo *Como nascem as estrelas?* Felipe Bogaz Notari **76**	**Dicionário:** sinônimo e antônimo **80** Aposto **82**	Memória visual **84**	Texto expositivo Caderno do Escritor **24**
Entrevista *Filme Divertida Mente estreia nos cinemas* Paula Desgualdo **98**	Substantivo: simples e composto **103**	Acentuação de palavras paroxítonas 2 **105** Memória visual **108**	Resenha de filme Caderno do Escritor **28**
Artigo de divulgação científica *Cérebro "congelado"* Débora Mismetti **122**	Graus do adjetivo: comparativo e superlativo **126**	A e AI, E e EI, O e OU **128** Memória visual **130**	Personagem de história em quadrinhos Caderno do Escritor **32**
Notícia *Ouro que vem da Cidade de Deus* **144**	Pronome de tratamento **148**	C e Ç **150** Memória visual **152**	Notícia Caderno do Escritor **36**
Carta de reclamação *Carta pessoal de reclamação* **166**	Verbo: pessoa e número **170**	C, S, SS, SC, SÇ e XC **173** Memória visual **176**	Carta de reclamação Caderno do Escritor **40**
Texto expositivo *Respeitando o piso tátil* **192**	Tempos verbais: presente, passado e futuro **196**	Terminações AM e ÃO **199** Memória visual **200**	Discurso de agradecimento Caderno do Escritor **44**
Tabelas de gramática **202**			

UNIDADE 1

Eu sou esperto

O que eu vejo

Observe a imagem e converse com os colegas.

- O que o homem está fazendo?
- O que ele observa?
- O que ele está pintando?

O que eu sei

Agora, fale de você.

- Você se considera uma pessoa observadora e atenta?
- Gosta de buscar explicações e significados para as coisas?
- Você se considera uma pessoa esperta?

Perspicácia, de René Magritte, 1936.

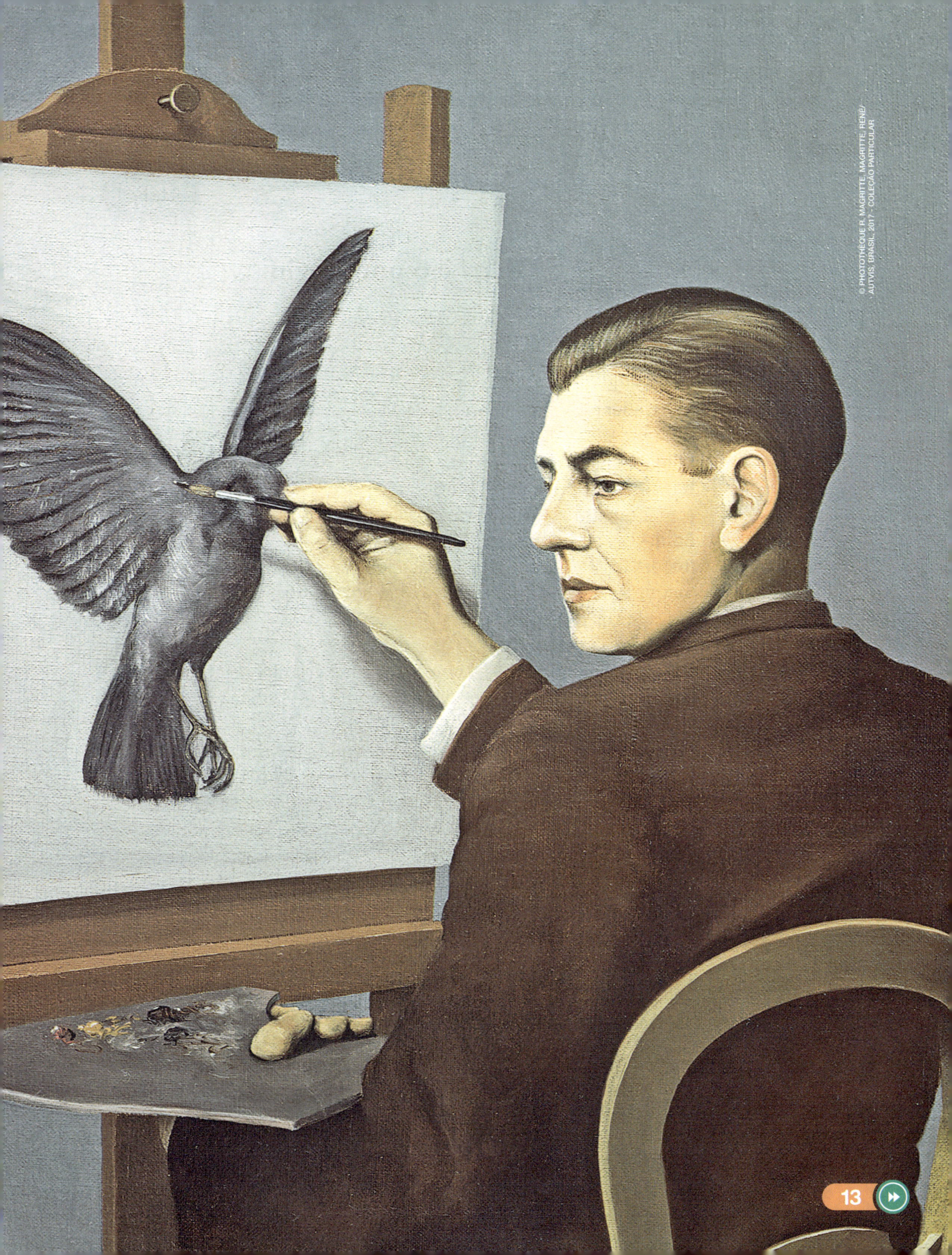

Você vai ler o trecho de um **texto dramático**. Veja o que vai acontecer com o menino Biliri.

Biliri e o pote vazio

Cena 16 – Premiação

Cena anterior permanece na tela. Finalmente, o imperador vai falar com Biliri.

Imperador – Ei, você, menino! *(Biliri levanta o rosto.)* Qual é o seu nome?

Biliri – Biliri.

Imperador – Muito bem, Biliri. Um ano atrás eu lhe dei uma semente para cultivar. O que fez com ela?

Biliri – Ela está aqui, senhor. *(Mostra o vaso.)*

Imperador – Veja, a Praça do Palácio Imperial está cheia de flores magníficas; uma mais linda do que a outra. Você não acha que essas flores são bonitas?

Biliri – São maravilhosas, majestade...

Imperador – Então, Biliri, como você tem coragem de apresentar-se a mim com um vaso vazio? Não se sente envergonhado diante do sucesso de todos os outros?

Biliri – *(Chorando.)* Eu plantei a semente que o senhor me deu. Coloquei-a em terra úmida e com pouca luz. Cuidei dela todos os dias, desde o amanhecer até a noite, quando todos dormiam. Mas ela não brotou. Conversei com ela como faço com todas as minhas plantas, mas ela nada me respondia, majestade, parecia surda.

Imperador – Surda? *(Surpreso)* Que coisa mais inesperada... Quer dizer que você "*conversa*" com as plantas?

Biliri – *(Envergonhado)* Eu sei... deve ser bobagem de criança. Já me falaram isso mil vezes, talvez seja mesmo bobagem, mas... eu gosto tanto de falar com as plantas... e eu sinto que elas falam comigo.

O senhor tem um jardim, não tem? O senhor já deve ter sentido isso alguma vez, não sentiu, imperador?

Imperador – *(Severo)* Prossiga, menino. Por que não adubou a terra?

Biliri – Eu adubei, sim, com esterco bem curado da estrebaria do sr. Pô. Coloquei a semente em um vaso maior, com mais terra e depois em um menor e muito mais bonito. Veja!

Imperador – Mais bonito? Flores não têm olhos...

Biliri – Eu só queria que ela ficasse feliz. As plantas são sensíveis; o senhor sabe, não gostam de ser maltratadas... mas mesmo assim, ela não brotou.

Imperador – Colocou água o suficiente?

Biliri – Majestade, eu cuidei dela o ano inteiro. Dormia abraçado com ela. Regava bem cedinho, quando o sol nascia e à tardezinha, quando o sol se punha, mas mesmo assim, apesar de todo o meu esforço, ela não floresceu.

Imperador – *(Severo)* E por que as flores dos outros floresceram tão magníficas, Biliri?

Biliri – Não sei, não sei! Nada de bom nasceu de mim, majestade. Meu vaso é o mais feio de todos. É muito ruim saber disso. *(Apontando a tela.)* Essas flores são tão lindas! Eles são melhores do que eu... Todos eles... devem ter o coração mais colorido também. É muito triste... Mas tudo o que eu falei é verdade. Esse vaso vazio foi o melhor que eu pude fazer... Meu pai disse que meu esforço era digno do imperador, por isso eu vim assim... Talvez tenha sido errado... Me perdoe... *(Chora.)*

(Música – Tempestade 3º movimento)*

Imperador – Isso tudo é muito grave, Biliri! O mundo é cheio de flores falsas e de mentiras que se disfarçam de beleza. Mas a verdade sempre prevalece e é mais forte do que tudo. Ministro! Ministro!?
Ministro – Sim, senhor!
Imperador – Avise o povo! Diga a todos que eu já tomei a minha decisão.
Ministro – Que ótima notícia, imperador! Salve, aleluia! E qual dessas flores magníficas será a vencedora?
Imperador – Nenhuma!
Ministro – ... nenhuma?
Imperador – Ministro Chao! Escondida nesta vasta multidão de ilusões, há apenas uma pessoa digna de ser a minha sucessora.
Ministro – Como assim, imperador! Todas essas flores são lindas...
Imperador – A ignorância nos faz ver coisas que não existem. E beleza onde não há. Todas essas flores, todas essas crianças e os pais que as ajudaram, tudo isso é uma miragem da beleza imensa que poderia ser, mas que não foi.
Ministro – Miragem? Não consigo entender, majestade.
Imperador – Levante-se, Biliri! Você me trouxe um vaso vazio. Me contou a sua história e me disse a mais pura e simples verdade. Você foi digno e honesto. E, agora, eu que lhe peço desculpas, Biliri, pois a semente que eu lhe dei, por mais que você cuidasse dela, jamais poderia ter germinado.
Ministro – Jamais ter germinado? Como assim, imperador?
Todos na coxia – Ooohh...! *(Murmúrios)*
Imperador – Não sei como essas crianças cultivaram todas essas flores magníficas, ministro. Não sei onde conseguiram essas

sementes incríveis. Mas certamente não foram as sementes que lhes dei, pois as minhas sementes, senhor ministro, as minhas sementes estavam todas cozidas!

Ministro – Cozidas?

Todos na coxia – Ooohh...! *(Murmúrios)*

Imperador – *(Maroto)* Sim, cozidas! Eu mesmo as cozinhei numa grande panela de bruxa; nenhuma dessas sementes poderia ter nascido, Biliri. Toda essa praça está manchada pela vergonha e falsidade. Você foi o único que enfrentou a verdade e teve a coragem de dizê-la diante de todos. Você trabalhou em vão, eu sei, mas agora será recompensado. Pois uma pessoa de bem pode salvar toda a humanidade. Ministro! Avise a todos, grite aos quatro ventos, diga ao povo da China que o país ganhou um novo imperador e eu ganhei o filho que nunca tive. Sim, Biliri! Vou entregar-lhe todo o meu reino e torná-lo imperador deste país!

(Música – Piano concerto nº 2 - 3º movimento)

Ministro – Alvíssaras! Alvíssaras! O herdeiro foi escolhido! É tempo de alegria! Viva! Viva!

Biliri – Obrigado, majestade!

Ministro joga confete para o alto. Papel picado cai do céu e também na tela. Alegria geral. Todos comemoram.

* Todas as músicas são obras para piano de Beethoven.

Ricardo Karman. Kompanhia do Centro da Terra.

Para compreender o texto

Um pouco de conversa

1 Converse com os colegas.

a) O que o imperador deu a Biliri um ano atrás?

b) Biliri plantou e cultivou a semente? O que aconteceu?

c) De que maneira Biliri cuidou da semente?

d) Por que Biliri levou o vaso até o imperador mesmo sem a semente ter florescido?

e) O que aconteceu com Biliri no fim da história?

f) Essa é uma história que faz o leitor pensar. A que conclusões e reflexões podemos chegar ao lê-la?

Compreensão

Fique sabendo

O **texto dramático** é escrito para ser encenado. Ele é composto por **falas**, que são antecedidas pelo nome da personagem que vai dizê-las.

2 Releia este trecho.

Imperador – Um ano atrás eu lhe dei uma semente para cultivar. O que fez com ela?

Biliri – Ela está aqui, senhor. *(Mostra o vaso.)*

a) Sublinhe as falas.

b) Circule o nome das personagens.

c) Copie o que você não circulou nem sublinhou. _____

- Em sua opinião, o que significa essa frase?

Fique sabendo

As **rubricas** indicam aos atores o que acontece em cena e como devem ser ditas as falas. São frases ou palavras que descrevem o ambiente onde se passa a história, os objetos em cena e como usá-los, os movimentos e gestos, o estado emocional das personagens e a entonação da voz. As rubricas são escritas entre parênteses e, geralmente, em itálico.

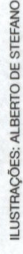

Para compreender o texto

3 Copie do texto um exemplo de rubrica que indique:

a) ambiente.
_____

b) movimentos e gestos.
_____

c) estado emocional das personagens e entonação da voz.
_____

4 Releia estes trechos.

Cena anterior permanece na tela. Finalmente o imperador vai falar com Biliri. [...]
Biliri – Não sei, não sei! Nada de bom nasceu de mim, majestade. Meu vaso é o mais feio de todos. [...] *(Apontando a tela.)* Essas flores são tão lindas! [...]

a) Você consegue imaginar como essa peça estava sendo encenada? Que tela é essa a que as rubricas se referem?

b) Você já assistiu a algum espetáculo teatral que tivesse projeção de imagens?

5 Releia em voz alta esta fala.

Imperador – *(Severo)* Prossiga, menino. Por que não adubou a terra?

a) Pela indicação da rubrica, como o imperador fez essa pergunta a Biliri?

☐ Bravo.   ☐ Curioso.   ☐ Satisfeito.

b) Biliri adubou a terra?

☐ Sim.   ☐ Não.

c) O que mais Biliri fez para que a semente florescesse?
_____
_____

d) Por que a semente não floresceu?
_____

e) Em sua opinião, o imperador estava mesmo bravo na fala acima? Explique.

6 Por que Biliri foi escolhido o novo imperador da China?
_____
_____

Para compreender o texto

De olho na linguagem

7 Releia esta fala do imperador.

"[...] Todas essas flores, todas essas crianças e os pais que as ajudaram, tudo isso é uma miragem da beleza imensa que poderia ser, mas que não foi."

a) Consulte o dicionário e escreva o significado da palavra **miragem**.

_____

_____

b) O que o imperador quis dizer com "beleza imensa que poderia ser, mas que não foi"?

8 Pesquise no dicionário o significado das palavras e assinale a alternativa certa.

a) alvíssara: ☐ notícia ☐ sucesso ☐ criação

b) murmúrio: ☐ movimento ☐ sussurro ☐ organização

9 Agora, observe a ilustração.

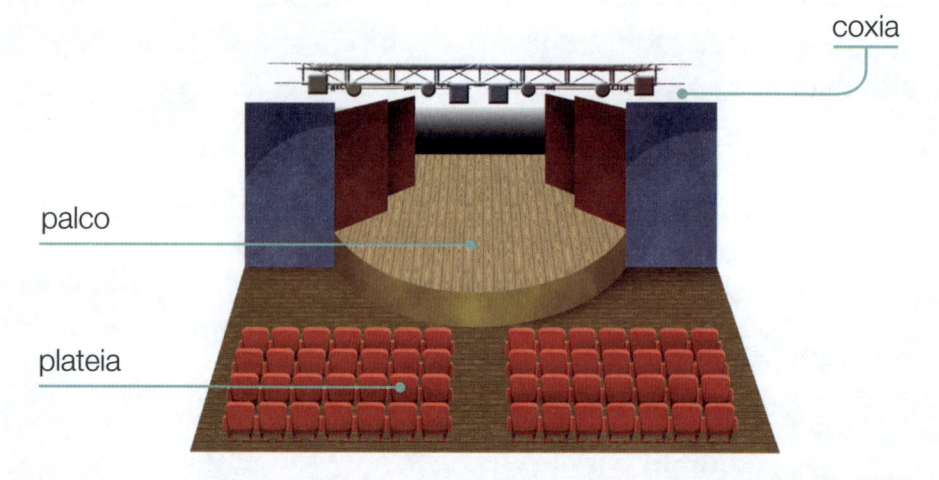

- coxia
- palco
- plateia

• Baseando-se na ilustração, explique o que é a coxia no teatro.

_____

_____

10 Explique por que foram usadas aspas na seguinte fala do imperador.

Quer dizer que você "conversa" com as plantas?

_____

_____

Para compreender o texto

11. Na escrita, o sinal de pontuação usado para indicar pausas da fala são as **reticências** (...). Observe o uso de reticências no seguinte trecho do texto.

Biliri – *(Envergonhado)* Eu sei... deve ser bobagem de criança. Já me falaram isso mil vezes, talvez seja mesmo bobagem, mas... eu gosto tanto de falar com as plantas... e eu sinto que elas falam comigo.

- Por que, nessa fala de Biliri, as reticências aparecem tantas vezes?

_____

12. Leia em voz alta o trecho a seguir, com a entonação indicada pela pontuação.

Ministro! Ministro!?

- Você leu as duas frases com a mesma entonação? Explique.

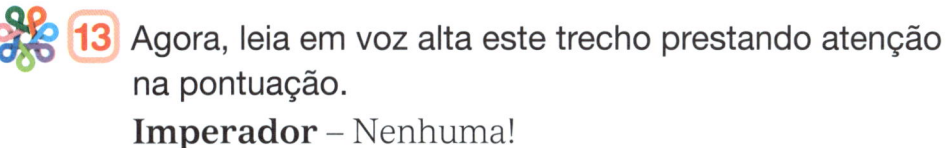

13. Agora, leia em voz alta este trecho prestando atenção na pontuação.

Imperador – Nenhuma!
Ministro – ... nenhuma?

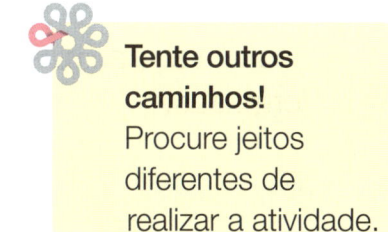

Tente outros caminhos! Procure jeitos diferentes de realizar a atividade.

a) Por que foi usado o ponto de exclamação na fala do imperador?

_____

b) O que o ponto de interrogação indica na fala do ministro?

_____

Educação em valores — Honestidade

Biliri tornou-se o novo imperador da China por ter sido honesto. Enquanto as outras crianças tentaram enganar o imperador, Biliri disse a verdade, que cultivou a semente, mas ela não brotou.

Às vezes é difícil admitir que algo que fizemos não deu certo, mas dizer a verdade e assumir os nossos atos é sempre a melhor maneira de agir.

- Como você age quando faz algo errado?

Para falar e escrever melhor

Gramática — Fonema e letra

1 Leia.

Quero ver você adivinhar!
O que falta na anta
para no frio ela nos esquentar?

> **Dica**
> É uma letra do alfabeto.

a) Junte essa letra à palavra **anta** e descubra a resposta da adivinha.

b) Agora, junte estas letras à palavra **anta** e descubra novas palavras.

C   J   S

c) Escreva as palavras que você descobriu e explique como essas palavras foram formadas.

_____
_____

> Cada som que forma as palavras chama-se **fonema**.
> A **letra** é a representação dos fonemas na escrita.
> Geralmente, cada letra corresponde a um fonema.
> Exemplos: *bola* (4 letras; 4 fonemas); *placa* (5 letras; 5 fonemas)
> Há casos em que é necessário usar mais de uma letra para representar um único som.
> Exemplos: *casinha* (7 letras; 6 fonemas – as letras N e H juntas correspondem a um único fonema); *ponta* (5 letras; 4 fonemas – as letras O e N juntas correspondem a um só fonema)

2 Leia estas palavras em voz alta.

| menino | frio | calor | escuro | moradia |

- Registre o número de letras e o número de fonemas de cada uma delas.

_____
_____

Para falar e escrever melhor

3 Troque apenas uma letra no nome da primeira ilustração e descubra os outros nomes.

gata _____ _____ _____

a) Quantas letras e quantos fonemas têm essas palavras? _____

b) Observe essas palavras e complete a frase.

Cada letra representa um _____. E a mudança do _____ inicial formou palavras diferentes.

4 Leia as palavras de cada grupo em voz alta.

humor
herói
hiena
horta

examinar
próximos

casaco
beleza
exatos

- Complete as frases de acordo com o que você observou.

a) A letra _____ não representa som no início de palavras.

b) As palavras **humor**, **herói**, **hiena** e **horta** têm _____ letras e _____ fonemas.

c) Uma única letra pode representar diferentes _____, como é o caso da letra **x**: e**x**aminar, pró**x**imos. Mas também acontece o contrário: _____ diferentes podem representar um único _____ , como é o caso do som Z: ca**s**aco, bele**z**a, e**x**atos.

Esquina da poesia

Ouriço no espelho
com isso se espanta:
sou bicho ou espeto?
Sou gordo, sou fino?
Sou primo do esquilo
ou do porco-espinho?
Ouriço ou aquilo?

Leo Cunha. Em *XXII!!: 22 brincadeiras de linhas e letras*. São Paulo: Paulinas, 2003.

23

Para falar e escrever melhor

Dicionário — Indicação de pronúncia

1 Leia os verbetes abaixo.

> **doutor** \ô\ *s.m.* **1** tratamento dado esp. a médicos e advogados [...]

> **exame** \z\ *s.m.* **1** investigação ou pesquisa minuciosa [...] **2** teste, prova [...]

> **plateia** \éi\ *s.f.* **1** setor de um teatro, cinema etc. em que ficam sentados os espectadores **2** [...] público

> **sorvete** \ê\ *s.m.* iguaria doce feita de suco de frutas, cremes ou leite, que se come gelada

> **táxi** \cs\ *s.m.* carro de aluguel para transporte de passageiros provido de taxímetro [...]

> **trânsito** \z\ *s.m.* **1** ato de transitar [...]

Instituto Antônio Houaiss de Lexicografia. *Pequeno dicionário Houaiss da língua portuguesa*. São Paulo: Moderna, 2015.

- O que você acha que significam as indicações \ô\, \z\, \éi\, \ê\, \cs\ e \z\?

> Nos verbetes acima, as letras que estão entre barras (\ \) indicam a pronúncia correta das vogais O e E e das consoantes X e S nas palavras **doutor**, **exame**, **plateia**, **sorvete**, **táxi** e **trânsito**.
>
> O dicionário nos ajuda a conhecer a pronúncia de algumas vogais e consoantes, que varia de acordo com a palavra.

2 Pesquise no dicionário os verbetes **hexágono** e **líquido**.

a) O que você descobriu sobre a pronúncia da palavra **hexágono**?

_____
_____

b) E sobre a pronúncia da palavra **líquido**?

_____
_____

Para falar e escrever melhor

3 Leia os verbetes ① e ②.

① **sede** s.f. **1** local onde uma empresa ou instituição tem seu principal estabelecimento **2** local escolhido para acontecer algo [...]

② **sede** \ê\ s.f. **1** vontade ou necessidade de ingerir líquido [...]

Instituto Antônio Houaiss de Lexicografia.
Pequeno dicionário Houaiss da língua portuguesa.
São Paulo: Moderna, 2015.

- Como é possível identificar o som aberto e o som fechado nas palavras de entrada de cada verbete?
  _____
  _____

4 Relacione as palavras destacadas nas frases aos verbetes acima.

a) Tomei dois copos de água para matar minha **sede**.

b) O Japão será **sede** da Olimpíada em 2020.

5 Leia as palavras em voz alta, observando o som das vogais destacadas.

- Agora, identifique o som dessas vogais.

\é\   \ê\   \ó\   \ô\

c**o**po _____   j**e**gue _____   b**o**ca _____

p**e**ça _____   p**o**ste _____   t**e**se _____

cor**o**a _____   m**e**do _____   p**e**ra _____

f**o**go _____   r**o**da _____   pr**e**go _____

m**e**l _____   **o**vo _____   p**e**le _____

b**o**la _____   m**e**smo _____   m**e**dida _____

v**e**lho _____   t**e**lha _____   tij**o**lo _____

m**o**da _____   cav**e**rna _____ pip**o**ca _____

Para falar e escrever melhor

Oficina das palavras — Percebendo as diferenças

1 Resolva as adivinhas e descubra como a troca de apenas uma letra faz muita diferença.

- Escreva nos quadrinhos a resposta das adivinhas.

Bum! Ela estoura
E um estrago faz.

Chap-chap! Ela voa
E é o símbolo da paz.

Nova, cheia, crescente ou minguante
À noite, acompanha o viajante.

Se ela fosse minha, ladrilhava com brilhante
Para o meu amor passar bonito e cintilante.

2 Resolva mais estas adivinhas.

Se é irmã de sua mãe, é sua _____.

Se o Sol brilha lá fora, é porque está de _____.

Se ela come capim e dá leite, ela é uma _____.

Se ela é perigosa e corta o dedo, ela é uma _____.

- Complete as frases com as respostas das adivinhas.

   a) Instrumento cortante preso a um cabo: _____.

   b) Palavra que se refere à mulher do tio: _____.

   c) Animal que tem um bezerro como filhote: _____.

   d) Período entre o nascer e o pôr do sol: _____.

3 Organize as palavras dos quadrinhos e escreva adivinhas cujas respostas são as palavras **cola**, **bola** e **mola**.

| se | é... | grudar | se | é... | rolar | se | esticar | é... |

- Comece com *O que é, o que é?*.

_____
_____
_____

Para falar e escrever melhor

Comunicação oral — Ensinando a fazer uma mágica

1 Prepare-se para apresentar uma mágica a seus colegas e, depois, ensiná-los a fazer essa mágica.

Áudio
Apresentação de número de mágica

- Aprenda a fazer uma mágica que seus colegas não conheçam.
- Treine bastante essa mágica para ninguém perceber o truque na hora da apresentação.
- Diga algo que crie suspense e interesse logo no início da apresentação, assim você atrai a atenção da plateia.

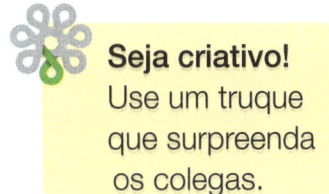

Seja criativo! Use um truque que surpreenda os colegas.

2 Ensaie como você vai ensinar seus colegas a fazer essa mágica.

- As instruções devem ser dadas passo a passo, isto é, uma de cada vez.
- É preciso falar com clareza e calma, usando um tom de voz que todos possam ouvir.

3 Desafie seus colegas.

- No dia da apresentação, primeiro realize sua mágica. Depois, ensine os colegas a fazê-la.

4 Desenhe no espaço ao lado uma das mágicas ensinadas pelos colegas.

Autoavaliação	👍	👎
Falei com clareza e em tom de voz adequado?		
Os colegas entenderam facilmente minhas explicações?		
Mantive a atenção dos colegas durante minhas explicações?		
Fiquei atento às explicações de meus colegas?		

TEXTO 2

Você vai ler um **conto de artimanha**. Observe o papel das personagens na história e o modo como cada uma delas usa a esperteza.

LER POR PRAZER

A esperteza do tatu

No tempo em que os animais falavam (mas nem todos se entendiam, como veremos...), ia certo dia um lenhador pela floresta, quando ouviu os urros de uma onça, que caíra numa armadilha preparada por alguns caçadores.

O lenhador se aproximou da armadilha e a onça suplicou-lhe que a tirasse dali. O homem ficou desconfiado:

— Eu, hein?! Você é uma onça, bicho perigoso. Se eu a soltar, depois você vai querer me devorar.

Mas a onça jurou por todas as suas pintas que não, imaginem, jamais faria algo contra seu próprio benfeitor. Se ele a soltasse, ela lhe seria eternamente agradecida, eternamente reconhecida, eternamente sua devedora, e tanto falou que acabou convencendo o homem.

Porém... assim que ele a soltou das cordas que a prendiam, a falsa o agarrou:

— Sinto muito, amigo, mas estou faminta e você será meu almoço!

— O quê?! — bradou o lenhador. — Você promete, jura e ainda me faz uma ingratidão dessas?

— Ingrato é o ser humano — filosofou a onça. — Pois não estraga a floresta que lhe dá a vida? Eu sou apenas uma onça, animal que come carne, como você sabe, e estou seguindo meus instintos.

Mas o lenhador argumentou: naquele caso, quem tinha razão era ele, a ingrata era ela e, já que não chegavam a um acordo, teriam que chamar um juiz para decidir a contenda.

A onça concordou.

O primeiro a passar ali foi um tatu, logo chamado para intervir na questão e julgar as partes contrárias. O tatu ouviu os argumentos dos dois e depois decidiu:

— Não posso fazer um julgamento perfeitamente justo se não souber exatamente como é que a onça estava antes de ser solta. Por favor, senhora onça, queira voltar à sua posição na armadilha.

A onça, distraída, caiu no logro. Voltou à armadilha e tornou-se novamente uma prisioneira.

— Vamos embora — disse o esperto tatu ao homem. — Ela que suplique agora aos caçadores e aprenda que o bem não se paga com o mal.

Rosane Pamplona. *Almanaque bichos do Brasil.* São Paulo: Moderna, 2014.

Tantas palavras

Releia o trecho.

A onça, distraída, caiu no logro.

- Marque a alternativa que indica o significado da palavra **logro**.

  ☐ Habilidade para não se deixar enganar.

  ☐ Artifício ou manobra com que se engana ou ilude alguém.

Para compreender o texto

Um pouco de conversa

1 Converse com os colegas.

a) Quando aconteceu essa história?

b) Se você fosse o lenhador, soltaria a onça?

c) Você acha que o leitor pode aprender algo com essa história? Explique.

Compreensão

> Organize seus pensamentos antes de falar! Procure expor claramente o que pensa.

Fique sabendo

O **conto de artimanha**, também chamado **conto de esperteza**, é uma história em que as personagens usam a esperteza para conseguir algo. São narrativas instigantes e com humor.

2 Releia o início do conto.

No tempo em que os animais falavam (mas nem todos se entendiam, como veremos...) [...].

- Por que o trecho sublinhado está entre parênteses?

_____
_____
_____

3 Releia este trecho.

Mas a onça jurou por todas as suas pintas que não, imaginem, jamais faria algo contra seu próprio benfeitor.

a) Por que a onça jurou pelas suas pintas?

_____
_____

b) Por que a palavra **imaginem** foi usada no trecho?

☐ Porque a onça quer que o lenhador se imagine sendo devorado por ela.

☐ Porque a onça quer demonstrar indignação com a ideia de fazer mal a seu benfeitor.

Para compreender o texto

4 Sublinhe a palavra desta fala da onça que demonstra ironia.

— Sinto muito, amigo, mas estou faminta e você será meu almoço!

• Por que o uso dessa palavra é irônico?

Fique sabendo

Nos **contos de artimanha**, aparecem dois tipos de personagem:
- **protagonista** – é a personagem principal da história. Nesses contos, as protagonistas são personagens aparentemente simplórias, mas, na verdade, são espertas e sempre se saem bem no final;
- **antagonista** – é a personagem que atua contra a protagonista. Essa personagem tenta levar vantagem sendo mais esperta, mas acaba sempre perdendo no final.

5 Nesse conto, há duas personagens protagonistas e uma antagonista.

a) Quem são as protagonistas? Quem é a antagonista?

_____

_____

b) Que personagem foi a mais esperta? _____

c) Qual foi a esperteza dessa personagem?

_____

_____

d) Que outra personagem mostrou esperteza no conto? _____

e) Qual foi a esperteza dela?

_____

_____

_____

6 Relacione cada personagem à ação praticada na história.

tatu	Desconfiou, mas ajudou assim mesmo.
onça	Foi chamado para ajudar.
lenhador	Suplicou por ajuda.

31

Para compreender o texto

7 Que argumentos a onça usou para justificar seu desejo de devorar o lenhador mesmo após ele soltá-la da armadilha?
_____
_____

8 Que argumento o lenhador usou para não ser devorado?
_____
_____
_____

9 Assinale a frase que demonstra a esperteza do tatu para convencer a onça a voltar para a armadilha.

☐ O tatu ouviu com atenção a onça e o lenhador e falou com seriedade que a onça deveria voltar para o lugar onde ela estava.

☐ O tatu não deu muita atenção à onça e ao lenhador e foi logo chegando a uma conclusão.

10 Qual é o desfecho da história?
_____
_____

De olho na linguagem

11 Releia este trecho.

   Se ele a soltasse, ela lhe seria eternamente agradecida, eternamente reconhecida, eternamente sua devedora, e tanto falou que acabou convencendo o homem.

a) Copie a palavra que se repete.
_____

b) Qual foi a intenção do autor ao repetir essa palavra?
_____
_____

Para compreender o texto

LER POR PRAZER

12 Você conhece outros contos com personagens protagonistas e antagonistas? Quais?

_____
_____
_____

13 Na sua opinião, esse conto poderia ser lido pelos alunos do 3º ano? Explique.

_____
_____
_____

> Organize seus pensamentos antes de escrever! Capriche na hora de explicar suas ideias.

14 Que texto desta unidade você gostou mais de ler?

☐ *Biliri e o pote vazio.*

☐ *A esperteza do tatu.*

Educação em valores — Gratidão e ingratidão

Gratidão é o reconhecimento de uma pessoa por alguém que lhe prestou um benefício, um auxílio, um favor.

Ingratidão é a qualidade da pessoa ingrata, que não reconhece o bem ou a ajuda que lhe foi oferecida.

Observe que, para ser grato, é necessário reconhecer o bem que foi feito e agradecer por ele.

- Você costuma expressar gratidão?
- De que maneira é possível demonstrar gratidão?
- Você já presenciou pessoas sendo ingratas com outras pessoas? O que sentiu?

Para falar e escrever melhor

Gramática — Encontro vocálico

1 Leia.

Você sabe muita coisa,
Borboleta sabe mais:
Andar de perna pra cima,
Você nunca foi capaz.

Trova popular.

> **Trova**
> Composição poética de quatro versos. Também conhecida como **quadrinha**.

- Copie as palavras que têm duas vogais juntas.

_____

> O encontro de duas ou mais vogais em uma palavra chama-se **encontro vocálico**.

2 Veja como estas palavras estão divididas em sílabas.

| moi-ta | U-ru-guai | ru-í-do | lei-te | i-guais | ca-de-a-do |

- Copie na tabela:

  a) As palavras que apresentam duas vogais juntas na mesma sílaba.

  b) As palavras que apresentam três vogais juntas na mesma sílaba.

  c) As palavras que apresentam duas vogais juntas que ficam em sílabas diferentes.

Ditongo é o encontro de duas vogais na mesma sílaba	**Tritongo** é o encontro de três vogais na mesma sílaba	**Hiato** é o encontro de duas vogais que ficam em sílabas diferentes

Para falar e escrever melhor

Ortografia: Divisão silábica em encontros vocálicos

1 Releia este trecho do conto *A esperteza do tatu*.

Mas o lenhador **argumentou**: naquele caso, quem tinha **razão** era ele, a ingrata era ela e, já que não chegavam a um acordo, teriam que chamar um **juiz** para decidir a contenda.

A onça concordou.

O **primeiro** a passar ali foi um tatu, logo chamado para intervir na **questão** e julgar as partes **contrárias**. O tatu **ouviu** os argumentos dos **dois** e **depois decidiu**:

- Faça a divisão silábica das palavras destacadas no texto.

Ditongos: _____

_____

Hiatos: _____

_____

2 Com um colega, escreva as palavras dividindo-as em sílabas:

a) dois nomes de objeto, com ditongo.

_____

b) dois nomes de fruta, com ditongo.

_____

c) dois nomes de homem, com hiato.

_____

d) dois nomes de mulher, com hiato.

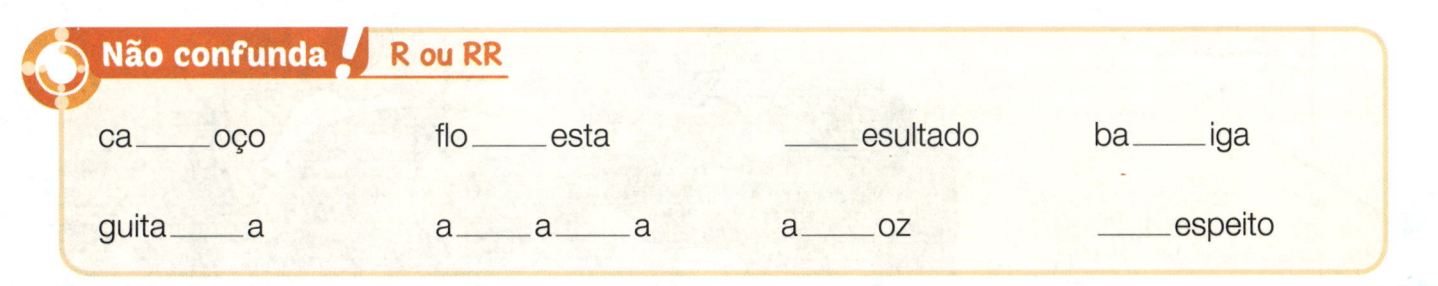

_____

Não confunda! R ou RR

| ca___oço | flo___esta | ___esultado | ba___iga |
| guita___a | a___a___a | a___oz | ___espeito |

35

Para falar e escrever melhor

Memória visual

Sessão de cinema

Antes de o filme começar, a turminha aceitou participar de um desafio: formar, em 10 minutos, 13 palavras com encontro vocálico utilizando as sílabas exibidas no telão.

- Quer participar desse desafio?

O professor marca o tempo e você e um colega formam as palavras.

_____
_____
_____
_____
_____
_____

rói	tro	mo
xa	ú	da
a	he	nho
nu	te	de

Para falar e escrever melhor

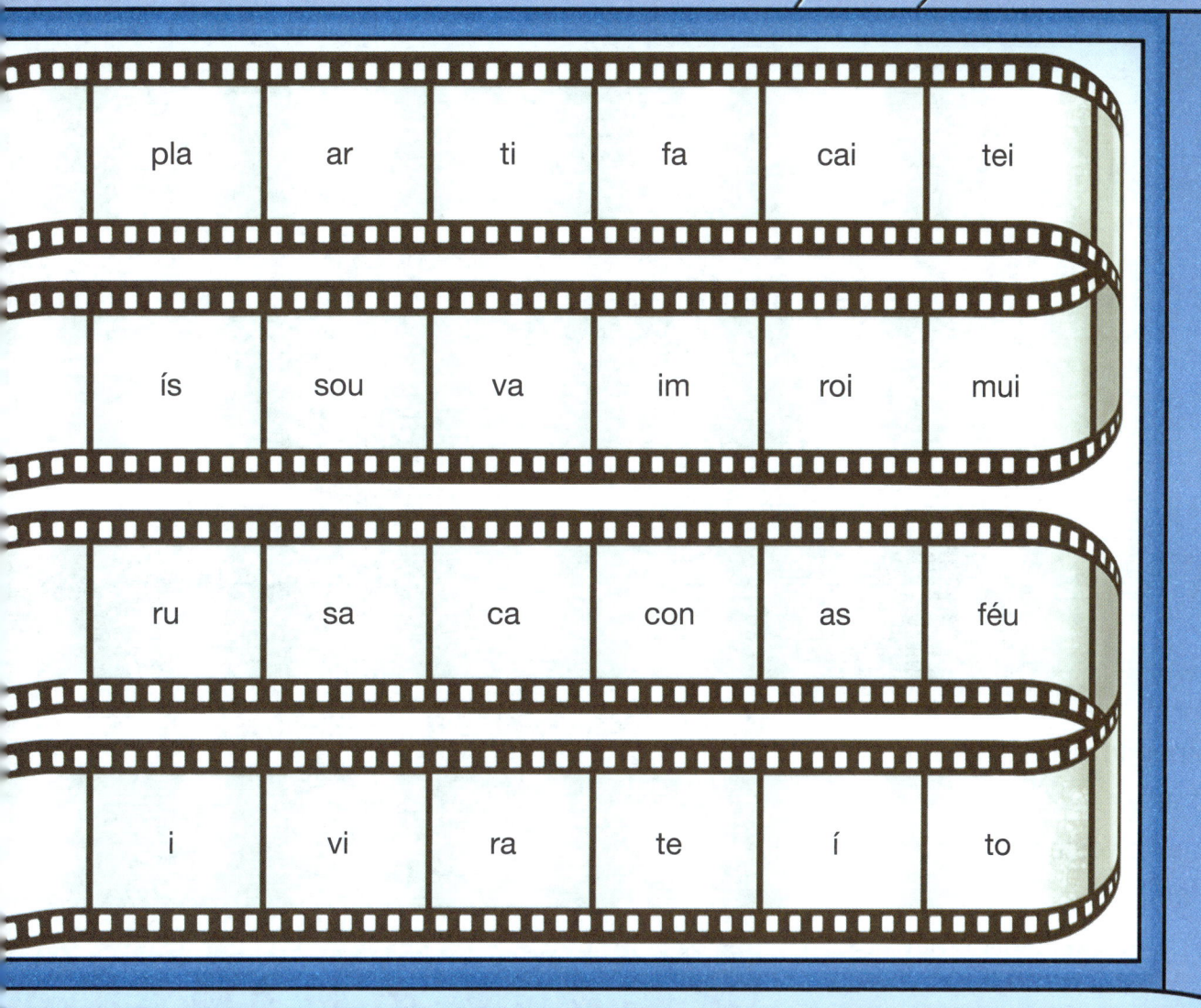

pla	ar	ti	fa	cai	tei
ís	sou	va	im	roi	mui
ru	sa	ca	con	as	féu
i	vi	ra	te	í	to

COMUNICAÇÃO ESCRITA

Hora de produzir um texto! Vá para a página 16 do **Caderno do Escritor**.

37

UNIDADE 2

Eu respeito a natureza

THOMAS PIZER

O que eu vejo

Observe a imagem e converse com os colegas.

- O que o menino está fazendo?
- Onde ele está?
- Como ele parece se sentir em relação ao lugar? Por quê?

O que eu sei

Agora, fale de você.

- Você gosta do contato com a natureza?
- Costuma pensar a respeito da responsabilidade que temos com a preservação da natureza?
- Em sua opinião, o futuro do planeta depende de nós?

Criança da etnia *Paiter Surui*, Rondônia, 2015.

TEXTO 1

O texto a seguir é um **conto**. Procure identificar as personagens e quem narra a história.

Pra dar no pé

Da varanda lá de casa, eu a avistava: linda, exuberante e charmosa. Nela moravam: bem-te-vi, pintassilgo, pombo, juriti, marimbondo e formiga alpinista. Papagaio de seda também! Desses do mês de julho que, em vez de ficar requebrando no céu, decidem embaraçar a rabiola nos galhos mais altos e ficar por ali mesmo. Teve um que gostou tanto de morar na árvore que nunca mais foi embora.

No meio do ano, começavam a aparecer pequenas flores naquele pé de manga. Os frutos só chegavam em meados de dezembro. As chuvas do fim de tarde, muitas vezes, aprontavam: jogavam no chão as suculentas frutas. Umas se esborrachavam feio na lama. A dona Tina, na manhã seguinte, distribuía tudo entre a vizinhança. Era bom.

Um dia, surgiu a notícia que não agradou a molecada. Iriam derrubar o pé de manga. E, no lugar, construir uma casa. Achei um absurdo! Será? Os bichos ficariam sem lar, o ar sem oxigênio e eu sem minhas mangas! Ora, onde já se viu um negócio desses?!

Corri como foguete pra chamar a turma. Fomos pra debaixo da mangueira. Criamos grito de guerra e tudo, só pra tentar salvar a árvore. Improvisamos cartazes e fizemos o maior auê.

Logo conseguimos mais adeptos para a manifestação. A rua inteira ficou tomada de gente. Vieram tevê, rádio, jornal... Eu não parava de dar entrevistas. Fiz discurso inflamado, precisava ver, com direito a lágrimas e voz rouca pra causar emoção. O pior foi quando me empolguei. Estava agradando tanto, que comecei a dirigir adjetivos pouco delicados à dona Tina. Ela que não deixasse cortar a árvore!

Mas o tiro saiu pela culatra. Nós nunca mais chupamos mangas daquela mangueira. Nunca mais mesmo! Dona Tina ficou irritada com as coisas que eu disse a respeito dela durante o protesto. Berrou para a vizinhança toda ouvir que se arrependeu amargamente de ter plantado a mangueira e falou ainda que, se pudesse, plantaria era a mão na minha orelha!

A notícia boa é que o pé de manga não foi derrubado. Os bichos não ficariam sem lar. O ar não perdeu oxigênio... A ruim é que tudo não passou de boato. Ninguém jamais quis destruir a árvore. Dá pra acreditar? Veja que mico. Ah, por falar nisso, tem mesmo um mico morando lá nas alturas. O danado vive bem. Chupa manga que só vendo! Quem sabe não pinta uma amizade e ele arremessa de lá umas frutinhas pra gente?! Porque manga, de agora em diante, só assim.

Descobri que espírito ecológico não combina com fofoca.

Pedro Antonio de Oliveira. *Uma história, uma lorota... e fiquei de boca torta!*. Belo Horizonte: Formato, 2008.

Tantas palavras

- O que quer dizer **papagaio de seda**? E **rabiola**?
- Você conhece o significado de **boato**? Se não conhece, é possível descobrir o que a palavra significa pela leitura do conto?
- Encontre no texto outra palavra que tenha o mesmo significado de **boato**.
- Registre as respostas no *Caderno do Escritor*.

Para compreender o texto

Um pouco de conversa

1 Converse com os colegas.

a) Quem é o narrador do conto? Justifique sua resposta.

b) Que acontecimento fez o narrador organizar uma manifestação?

c) O que você acha que o narrador deveria ter feito antes de tomar essa atitude?

d) Existe, na região onde você mora, um elemento da natureza que você gostaria de ver sempre preservado? Qual?

e) Você conhece alguém que já ficou em situação complicada por causa de fofoca?

Compreensão

> **Fique sabendo**
>
> **Conto** é uma narrativa curta, com poucas personagens.
>
> O conto tem sempre um **narrador** que conta a história, apresentando as personagens e os acontecimentos.
>
> Quando o narrador apenas conta a história, é chamado **narrador-observador**. Quando participa da história como personagem, é chamado **narrador-personagem**.

2 Assinale o trecho que mostra que o narrador, além de contar a história, também é personagem.

☐ No meio do ano, começavam a aparecer pequenas flores naquele pé de manga. Os frutos só chegavam em meados de dezembro. As chuvas do fim de tarde, muitas vezes, aprontavam: jogavam no chão as suculentas frutas. Umas se esborrachavam feio na lama.

☐ Achei um absurdo! Será? Os bichos ficariam sem lar, o ar sem oxigênio e eu sem minhas mangas! Ora, onde já se viu um negócio desses?!

☐ Mas o tiro saiu pela culatra.

Para compreender o texto

3 Explique como você descobriu a resposta da questão anterior.

_____
_____
_____
_____

4 Quais são as outras personagens do conto?

_____
_____
_____

5 Dona Tina era uma pessoa generosa ou egoísta em relação aos vizinhos? Explique.

_____
_____
_____
_____
_____

6 O narrador apresenta três razões contra a derrubada do pé de manga. Quais são elas?

_____
_____
_____
_____
_____

> **Fique sabendo**
>
> O narrador-personagem só sabe o que as outras personagens estão pensando se estas personagens contarem para ele.

7 Por que dona Tina acabou ficando irritada com o narrador?

_____
_____
_____
_____

43

Para compreender o texto

De olho na linguagem

8 Escreva o significado que estas expressões têm no texto.

a) Veja que mico.
_____

b) O tiro saiu pela culatra.
_____

c) Fazer o maior auê.
_____

d) Plantar a mão na orelha.
_____

e) Onde já se viu um negócio desses?
_____

9 O uso dessas expressões torna o texto:

☐ divertido.   ☐ formal.

☐ sério.   ☐ informal.

LER POR PRAZER

10 Você gostou desse conto? Por quê?
_____
_____

a) Que parte achou mais interessante?
_____
_____
_____

b) Ficou com vontade de ler os outros contos do livro?
_____

Para falar e escrever melhor

Gramática — Encontro consonantal

1 Leia o texto.

Salvem os pães de açúcar!

Por serem de difícil acesso para o ser humano, os pães de açúcar [formações de **pedra**] **preservam** quase intacta sua riqueza natural. Mas, infelizmente, vários deles já estão **ameaçados** pela **exploração** do **granito**, pela coleta ilegal de plantas ornamentais, pelo fogo, pelas trilhas de **turismo** e pela invasão de **espécies** exóticas (não originárias desses **locais**).

Para **reverter** esse **quadro**, é muito importante que essas ilhas terrestres se tornem **áreas protegidas**, onde todas as atividades humanas sejam rigorosamente controladas.

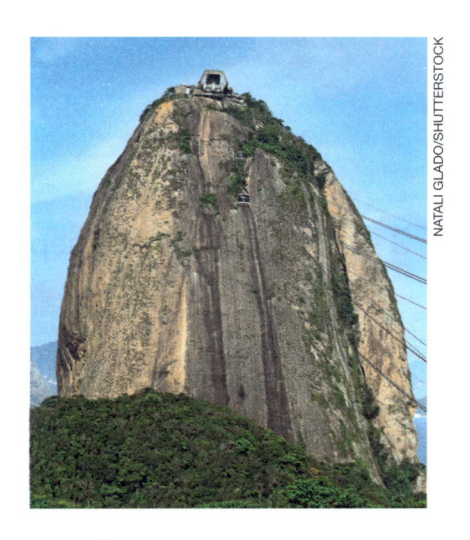

Ciência Hoje das Crianças. São Paulo: Instituto Ciência Hoje, n. 283, out. 2016.

a) Você já tinha ouvido falar dessas formações de pedra chamadas pães de açúcar?

b) Sublinhe as palavras destacadas que têm duas ou mais consoantes juntas.

c) Separe as sílabas das palavras que você sublinhou.

_____
_____
_____

d) O que aconteceu com as consoantes que aparecem juntas quando você fez a separação silábica das palavras?

Encontro consonantal é a sequência de duas ou mais consoantes em uma mesma palavra.

- O encontro consonantal pode ocorrer na mesma sílaba ou em sílabas separadas.

  Exemplos: **cr**a-vo, pe-**dr**a, pa-la-**vr**a, **cl**i-ma, a-**tl**e-ta, mi**s**-**t**é-rio, ré**p**-**t**il, fi**c**-**ç**ão.

- Os encontros consonantais CT, GN, PC, PÇ, PN, PS, PT e TM ficam em sílabas separadas, mas, quando iniciam a palavra, não se separam.

  Exemplos: pa**c**-**t**o; di**g**-**n**o – **gn**o-mo; de-ce**p**-**c**io-nar; de-ce**p**-**ç**ão; hi**p**-**n**o-se – **pn**eu-má-ti-co; cá**p**-**s**u-la – **ps**i-có-lo-go; ca**p**-**t**ar – **Pt**o-lo-meu; a**t**-**m**os-fe-ra.

- Os encontros consonantais PC e PÇ não iniciam palavras.

Para falar e escrever melhor

2 Junte as sílabas de mesma cor e forme palavras.

| BLU | MOS | CO | RIT | SA | BLE |
| RA | BRA | MA | FE | PRO | MO | AT |

- Escreva as palavras que você formou e circule os encontros consonantais.

_____

_____

3 Leia as palavras e separe-as em sílabas.

- Marque S para os encontros consonantais separáveis e I para os inseparáveis.

☐ treino: _____

☐ opção: _____

☐ prática: _____

☐ planeta: _____

☐ adversário: _____

☐ crocodilo: _____

☐ helicóptero: _____

☐ adjetivo: _____

☐ teclado: _____

☐ recepção: _____

4 Escreva frases usando em cada uma delas pelo menos uma palavra com:

a) encontro consonantal separável.

_____

_____

b) encontro consonantal inseparável.

_____

_____

Para falar e escrever melhor

5 Leia o poema a seguir.

O grilo grilado

O grilo,
coitado,
anda grilado,
e eu sei
o que há.

Salta pra aqui,
salta pra ali.
Cri-cri pra cá,
cri-cri pra lá.

O grilo,
coitado,
anda grilado
e não quer contar.

No fundo,
não ilude,
é só reparar
em sua atitude
pra se desconfiar.

O grilo,
coitado,
anda grilado
e quer um analista
e quer um doutor.

Seu Grilo,
eu sei: o seu grilo
é um grilo
de amor.

Elias José. *Um pouco de tudo: de bichos, de gente, de flores.* São Paulo: Paulus, 2015.

a) Com quais sentidos o poeta usou a palavra **grilo** no poema?

b) Qual é o grilo de Seu Grilo?

_____

c) Observe que, em todas as estrofes, o poeta usou palavras com consoante + R. Escreva essas palavras.

_____

d) Releia o texto em voz alta, observando esses encontros consonantais.

- O que esses sons parecem sugerir no texto?

_____

6 Com um colega, escolha duas palavras com encontros consonantais que representem o som de um objeto ou a voz de um animal.

- Crie alguns versos (não precisam ser rimados) com essas palavras.

_____
_____
_____

Para falar e escrever melhor

Ortografia — Divisão silábica dos encontros CT, DJ, GN, PC, PÇ, PN, PS, PT e TM

1 Releia este parágrafo do texto *Pra dar no pé*.

> Logo conseguimos mais **adeptos** para a manifestação. A rua inteira ficou tomada de gente. Vieram tevê, rádio, jornal... Eu não parava de dar entrevistas. Fiz discurso inflamado, precisava ver, com direito a lágrimas e voz rouca pra causar emoção. O pior foi quando me empolguei. Estava agradando tanto, que comecei a dirigir **adjetivos** pouco delicados à dona Tina. Ela que não deixasse cortar a árvore!

a) Seu professor vai dividir em sílabas as palavras em destaque.

b) Como ficaram os encontros **pt** e **dj** na divisão silábica da palavra?

_____

c) Os encontros **pt** e **dj** estão no início ou no meio da palavra?

_____

2 Agora, observe a divisão silábica da palavra **pterossauro**.

> pte-ros-sau-ro

Modelo em tamanho natural de pterossauro exposto no Museu Nacional, Rio de Janeiro, 2013.

a) Como ficou o encontro **pt** na divisão da palavra?

_____

b) Em que posição o encontro **pt** está na palavra?

_____

Para falar e escrever melhor

3 Leia as palavras observando a posição dos encontros destacados.

dece**pç**ão	ri**tm**o	coa**dj**uvante
hi**pn**ose	**pn**eumonia	ca**ct**o
inta**ct**a	o**pc**ional	si**gn**o
gnomo	**ps**icólogo	**ps**eudônimo
helicó**pt**ero	ecli**ps**e	pa**ct**o
a**tm**osfera	di**gn**o	ré**pt**il

a) Divida as palavras em sílabas.

_____
_____
_____
_____

b) O que acontece com os encontros que estão no início da palavra?

_____
_____

c) O que acontece com os encontros que estão no meio da palavra?

_____
_____

4 Complete a regra com o que você aprendeu.

> Na divisão silábica, os encontros consonantais CT, DJ, GN, PC, PÇ, PN, PS, PT e TM ficam em sílabas _____.
>
> Mas, quando estão no _____ da palavra, eles não se separam.
>
> **Atenção!** Os encontros PC e PÇ não iniciam palavra.

49

Para falar e escrever melhor

Oficina das palavras — Destravando a língua

1 Leia em voz alta estes trava-línguas.

a) Repita-os duas vezes o mais rápido que puder.

> Três tigres tristes para três pratos de trigo.
> Três pratos de trigo para três tigres tristes.

> Em rápido rapto, um rápido rato raptou três ratos sem deixar rastros.

> Os **trava-línguas** são brincadeiras com palavras que têm sons semelhantes. Muitos deles são formados por uma sequência de palavras com encontros consonantais iguais.
>
> A graça da brincadeira está em dizer o trava-língua bem depressa, pronunciando todas as palavras sem enrolar a língua.

b) Sublinhe nos trava-línguas os encontros consonantais.

2 Com um colega, treine a leitura deste outro trava-língua.

> Um ninho de mafagafos tem cinco mafagafinhos.
> Quem os desmafagafizar bom desmafagafizador será.

- Façam um concurso entre duplas para ver quem consegue falar bem depressa, sem se enrolar.

3 Agora, você e seu colega vão criar um trava-língua.

Seja criativo!
Use a imaginação e desafie os colegas.

a) Vocês deverão usar os encontros consonantais **fr**, como em *fraco*, *frio*, *fraqueza*, e **pr**, como em *prova*, *primeiro*, *primo*.

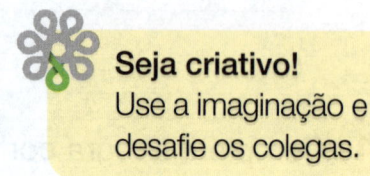

b) Depois, peçam aos colegas que leiam e repitam o trava-língua bem depressa.

Para falar e escrever melhor

Comunicação oral — Debatendo sobre boato

1. Você e seus colegas vão debater sobre boato.

2. Para você, o que é boato?
   - É fazer afirmações, sem base na realidade, sobre pessoas ou acontecimentos?
   - É divulgar uma notícia sem conhecer a fonte?
   - É distorcer uma verdade ao repassá-la para outros?

3. Em mensagens instantâneas e nas redes sociais, é comum a divulgação de notícias não comprovadas, como se fossem verdade.
   - Você alguma vez divulgou uma notícia sem saber se era verdadeira?

4. O boato pode ser uma forma de violência contra alguém?
   - Na sua escola, já houve alguém prejudicado por causa de boato?

5. O que se pode fazer para evitar um boato?

6. O debate será conduzido pelo professor. Ele organizará a participação dos alunos e a discussão das ideias.
   - Todos deverão participar, mas sempre um de cada vez.
   - Respeite e ouça com atenção o colega que estiver falando.
   - Levante a mão quando quiser falar durante o debate.

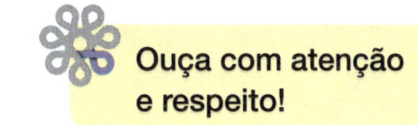

Ouça com atenção e respeito!

7. No final do debate a classe deverá chegar a uma conclusão com o professor.

Áudio — Debate sobre poluição visual

Autoavaliação	👍	👎
Expressei minhas ideias com clareza?		
Ouvi com atenção o que meus colegas disseram?		
Participei do debate com ideias novas?		
Usei um tom de voz adequado na hora de expor minhas opiniões?		

TEXTO 2

Leia o texto e observe com atenção a imagem desta **propaganda**.

LER PARA SE INFORMAR

Só porque você não vê, não significa que não está lá.

Só porque você não vê, não significa que não está lá.

advertisers without borders
publicitarios sin fronteras
publicitaires sans frontieres
www.awbnetwork.org

Tantas palavras

- Você sabe o que é **Advertisers Without Borders**?
- É o nome em inglês dos Publicitários Sem Fronteiras. Trata-se de uma rede de profissionais de publicidade do mundo todo, que se dispõem a fazer trabalho voluntário, em caso de desastres ambientais ou tragédias, criando campanhas para obter ajuda aos necessitados.
- É possível saber o que quer dizer "sem fronteiras"? Procure no dicionário o significado de **fronteira**. Converse com os colegas sobre o que você entendeu.
- Registre suas conclusões no *Caderno do Escritor*.

Para compreender o texto

Um pouco de conversa

1 Converse com os colegas.

a) O que mais chama sua atenção nessa propaganda?

b) É possível fazer o que o menino está fazendo na imagem?

c) O que o menino vê?

d) Se ele tivesse feito a mesma coisa em um rio, qual seria o resultado?

e) Na sua opinião, por que foi usada essa situação na propaganda?

Compreensão

> **Fique sabendo**
>
> A **propaganda** é uma mensagem publicitária, de uma empresa ou de uma instituição, que tem como objetivo convencer alguém a adquirir um produto ou a concordar com uma ideia.
>
> Pode ser empregada, por exemplo, com a finalidade de conscientizar as pessoas sobre problemas ambientais, sociais, de saúde e outros para que mudem seu comportamento e ajudem a chegar a uma solução.

2 Quais são os três principais elementos que compõem a imagem dessa propaganda?

_____

3 No canto inferior direito da imagem, podemos ver alguns animais marinhos.

- O que eles estão fazendo? Explique.

_____
_____
_____

4 Onde está o texto dessa propaganda?

_____
_____

Para compreender o texto

5 Releia o texto da propaganda.

Só porque você não vê, não significa que não está lá.

a) Explique o significado da frase.

_____
_____

b) As expressões **não vê** e **não está lá** se referem a que palavra?

_____

c) Como você descobriu essa palavra?

_____
_____

d) Reescreva o texto incluindo essa palavra.

_____
_____

e) A palavra **você** foi usada com que intenção?

☐ Aproximar a mensagem do público-alvo da propaganda.

☐ Mostrar que uma única pessoa é responsável pelo problema.

6 Por que foi escolhida uma criança para mostrar o que está escondido no mar?

_____
_____
_____
_____
_____

Fique sabendo

Em geral, as propagandas têm um texto e uma imagem.
- A **imagem** deve produzir forte impacto em quem a vê.
- O **texto** deve ter frases curtas e linguagem convincente.

A combinação de texto e imagem deve produzir no público uma reação de aceitação à ideia que está sendo veiculada.

Para compreender o texto

7 Na sua opinião, a imagem dessa propaganda é forte? Por quê?

_____
_____
_____
_____
_____

8 O texto é convincente, ou seja, consegue convencer o público daquilo que está sendo mostrado?

_____
_____
_____
_____

> **Vá com calma!** Leia o texto atentamente, observe bem a imagem e reflita sobre a mensagem que a propaganda quer transmitir.

9 O principal objetivo dessa propaganda é:

☐ alertar os turistas para os perigos de enfrentar o lixo no mar.

☐ denunciar o descaso das pessoas com a poluição dos mares.

☐ incentivar crianças e adultos a ir às praias para recolher lixo.

10 Essa propaganda foi feita só para adultos ou também para crianças?

_____
_____
_____
_____

11 Converse com os colegas.

a) Você conhece outra propaganda que tenha um objetivo parecido com o dessa que você estudou? Qual?

b) Você conhece alguém que mudou de atitude por causa do apelo de uma propaganda? Dê exemplos.

Para falar e escrever melhor

Gramática — Dígrafo

1 Leia a tira e observe como o autor cria o humor.

NÍQUEL NÁUSEA Fernando Gonsales

- Desodorante... talquinho... pó para micose...
- Você é muito cuidadoso com seu chulé!
- Você também seria se tivesse o nariz onde eu tenho!!

a) De que parte do corpo o elefante cuida bem? Por quê?

b) Quantos fonemas têm as palavras sublinhadas nos balões?

> **Dígrafo** é o conjunto de duas letras que representam um só fonema, ou seja, um único som.
>
> Os dígrafos são os seguintes conjuntos de letras: RR, SS, CH, NH, LH, SC, SÇ e XC. Exemplos: ba**rr**o, o**ss**o, **ch**uva, ma**nh**ã, fi**lh**o, na**sc**er, de**sç**a, e**xc**eder.
>
> Os grupos QU e GU também são dígrafos sempre que a letra U não for pronunciada. Exemplos: **gu**erra, **gu**ia, **qu**eijo, **qu**iabo.

2 Escreva uma frase sobre você usando uma palavra com dígrafo.

_____

3 Copie as palavras acrescentando a letra **h** para descobrir novas palavras com dígrafos.

a) bico: _____

b) lance: _____

c) cama: _____

d) fila: _____

e) galo: _____

f) sono: _____

g) vela: _____

h) tela: _____

Para falar e escrever melhor

4 Sublinhe os dígrafos nas palavras do quadro.

chateado	terreno	filhote	sonhador
guidão	quero	pássaro	descida
ninho	mulher	carroça	chave

5 Circule somente as palavras em que o grupo de letras destacado é dígrafo.

e**sc**ola   á**gu**a   a**ss**ado   **ch**inelo

queria   fe**br**e   mi**lh**o   pi**sc**ina

á**gu**ia   ba**nh**o   co**rr**ida   ad**v**ersário

- Que palavras sobraram? Explique por que, nelas, o grupo de letras não é dígrafo.

_____

_____

_____

6 Escolha as palavras que completam adequadamente o texto a seguir.

essas   trilhões

chance   mil

Terra   algumas

> **Dica**
> Só servem palavras com dígrafos.

[...] há 200 _____ de toneladas de seres vivos vivendo sob o chão. [...]

Sem essa turma trabalhando ali embaixo, a vida sobre a _____ não teria a menor _____.

Para começar, _____ criaturas nos mandam, lá do seu universo encardido, ingredientes imprescindíveis para a conservação da vida em todo o planeta [...].

Disponível em: <http://mod.lk/centro>.
Acesso em: 26 jun. 2018. Fragmento.

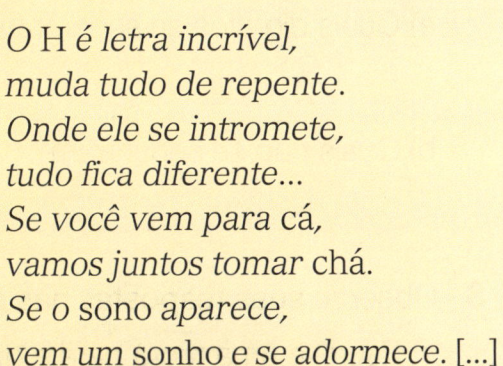

Esquina da poesia

O H é letra incrível,
muda tudo de repente.
Onde ele se intromete,
tudo fica diferente...
Se você vem para cá,
vamos juntos tomar chá.
Se o sono aparece,
vem um sonho e se adormece. [...]

Pedro Bandeira. Maluquices do H.
Em: *Mais respeito, eu sou criança!*.
São Paulo: Moderna, 2009. Fragmento.

Para falar e escrever melhor

Ortografia — Divisão silábica dos dígrafos

1 Releia um trecho do conto *Pra dar no pé*.

[...] Dona Tina ficou irritada com as coisas que eu disse a respeito dela durante o protesto. Berrou para a vizinhança toda ouvir que se arrependeu amargamente de ter plantado a mangueira e falou ainda que, se pudesse, plantaria era a mão na minha orelha!

a) Copie as palavras que apresentam dígrafos.

_____
_____

b) Divida em sílabas as palavras que você copiou.

_____
_____

c) Quais dígrafos se separaram quando você dividiu as palavras em sílabas?

_____

d) Quais dígrafos não se separaram?

_____

2 Divida estas palavras em sílabas.

| açougue | chocalho | máquina | cresça | excelente | piscina |

_____
_____

a) Quais dígrafos se separaram?

_____

b) Quais não se separaram?

_____

3 Observe suas respostas nas atividades 1 e 2.

- Escreva uma regra para a divisão silábica dos dígrafos.

_____
_____

Para falar e escrever melhor

4 Leia o início do conto *Por que o sol e a lua foram morar no céu*.

Há muito tempo, o sol e a água eram grandes amigos e viviam juntos na **Terra**. Habitualmente, o sol visitava a água, mas esta jamais lhe retribuía a gentileza. Por fim, o sol quis saber qual o motivo de seu **desinteresse** e a água respondeu que a casa do sol não era grande o bastante para que nela **coubessem** todos com quem vivia e, se **aparecesse** por lá, acabaria por despejá-lo de sua própria casa.

Júlio Emilio Braz. Por que o sol e a lua foram morar no céu. Em *Sikulume e outros contos africanos*. São Paulo: Pallas, 2005.

a) Lendo o início do texto, por que você imagina que seu título seja *Por que o sol e a lua foram morar no céu*?

b) No texto, algumas linhas terminaram com hífen. Por quê?

_____
_____

c) Se as palavras destacadas no texto estivessem em final de linha, quais as possibilidades de divisão de cada uma delas?

_____
_____
_____
_____

5 Copie a palavra intrusa de cada grupo.

- Explique por que cada uma é intrusa.

| charmosa | exato | pintassilgo | julho |

_____

| pequenas | seguinte | vizinhança | derrubar |

_____

Não confunda! Com H ou sem

____ortaliça   ____ervas   ____úmido   ____armonia

Para falar e escrever melhor

Memória visual

Painel de palavras

Os alunos do professor Ermínio vão montar um painel de palavras com encontros consonantais e dígrafos.

- Ajude-os a formar as palavras usando as sílabas das cartelas.

tra	lha	preg	dap
fis	né	chê	nha
nas	ar	ço	ção
af	sun	cep	que

Para falar e escrever melhor

im		nar	fa		am	sia
a		tar	faça			cimento
	ta	as		to	ri	za
con		ção	ca		fric	duzir
	reio		cres		sur	ta

COMUNICAÇÃO ESCRITA

Hora de produzir um texto! Vá para a página 20 do **Caderno do Escritor.**

61

UNIDADE 3
Eu busco explicações

O que eu vejo

Observe a imagem e converse com os colegas.

- Que lugar é este?
- O que as pessoas estão fazendo?
- O que parecem observar?

O que eu sei

Agora, fale de você.

- Você já esteve em um lugar como este?
- Gosta de explorar lugares ou fenômenos diferentes?
- Como você costuma buscar explicações?

Aurora boreal vista no povoado de Aurora, no Canadá, 2014.

TEXTO 1

Você vai ler um **mito** do povo indígena Bororo do Mato Grosso. Observe como a origem das estrelas é explicada.

LER POR PRAZER

As estrelas nos olhos dos meninos

Naquele tempo, a noite era completamente escura, nenhuma estrela brilhava no firmamento, não havia estrelas.

Na aldeia indígena, fogueiras eram acesas logo que escurecia, e as famílias se reuniam em torno delas para se esquentar do frio da noite, comer e conversar.

As mulheres assavam pedaços de pirarucus e tucunarés pescados no dia e cozinhavam nas cinzas ovos de tartaruga que recolhiam dos ninhos na areia das margens dos rios. Os homens falavam da guerra e contavam vantagem. No entorno da aldeia era a escuridão e o mistério. O que vinha de lá era o pio da coruja, o miado da onça, o canto do jurutaí.

[...]

Numa noite, quando foram preparar as comidas, as mulheres descobriram que os ovos de tartaruga que tinham colhido haviam desaparecido. [...]

Noutra noite, a história se repetiu: os ovos tinham sido roubados. [...]

Algumas noites depois o roubo aconteceu de novo, e as mulheres resolveram tirar a limpo esses sumiços estranhos.

[...] Escondidas atrás de uns arbustos, elas observaram os meninos roubarem os ovos e saírem sorrateiramente para o mato. Foram no encalço deles e viram quando se enfiaram na floresta e, numa clareira, prepararam o fogo para assar os ovos roubados. Eles queriam comê-los sem ter que dividir com os outros.

As mulheres começaram a gritar, e os meninos, surpreendidos, correram. As mulheres correram atrás. Proferiam ameaças e prometiam castigos severos.

Para escapar das punições, os meninos pediram ao beija-flor que amarrasse um cipó no céu. O beija-flor atendeu ao pedido, e eles começaram a subir. Já estavam bem no alto quando as mulheres chegaram ao local da fuga para o firmamento. Elas não tiveram dúvida: subiram atrás deles.

Para não serem alcançados pelas mulheres, os meninos cortaram o cipó logo abaixo deles, e as mulheres se precipitaram lá de cima. No chão, antes que se esborrachassem, foram transformadas em animais da floresta. Os meninos, por sua vez, ficaram presos no céu sem ter como descer.

Desde então, eles olham a terra lá do céu. No escuro da noite, brilham para sempre os olhos arregalados dos meninos. Foi assim que a noite acabou se enchendo de estrelas. São os olhos dos meninos.

Reginaldo Prandi. Ilustração de Pedro Rafael. *Contos e lendas da Amazônia*. São Paulo: Companhia das Letras, 2011.

Áudio
O canto da flauta mágica: o irapuru

Tantas palavras

- Substitua a palavra destacada por outra, sem mudar o sentido da frase.

    Nenhuma estrela brilhava no **firmamento**.

- Se preciso, consulte um dicionário.

Para compreender o texto

Um pouco de conversa

1 Converse com os colegas.

a) Explique o significado do título *As estrelas nos olhos dos meninos*.

b) O que aconteceria com os meninos se as mulheres os alcançassem?

c) O que os meninos fizeram?

d) Por que eles fizeram isso?

e) Você conhece outro mito que explique o surgimento de um elemento da natureza?

Compreensão

> **Fique sabendo**
>
> O **mito** é uma narrativa que procura explicar os acontecimentos da vida, os fatos históricos, o surgimento dos seres e das coisas.
>
> A ação e a reação das personagens produzem os acontecimentos, que mantêm entre si uma relação de **causa** e **consequência**.

2 Os Bororos explicam o surgimento das estrelas por meio de:

☐ conhecimentos científicos.   ☐ crenças de seu povo.

3 Numere os acontecimentos na sequência correta.

☐ Os meninos pediram ajuda ao beija-flor e subiram ao céu por um cipó.

☐ As mulheres viram os meninos roubarem os ovos.

☐ Numa noite, os ovos de tartaruga desapareceram.

☐ O roubo dos ovos continuou por mais noites.

☐ Os meninos cortaram o cipó e ficaram presos no céu, sem ter como descer.

☐ As mulheres começaram a gritar e os meninos começaram a correr.

☐ As mulheres foram atrás deles.

Para compreender o texto

4 Releia.

[...] No entorno da aldeia era a escuridão e o mistério. O que vinha de lá era o pio da coruja, o miado da onça, o canto do jurutaí.

- Duas palavras, nesse trecho, justificam a criação do mito. Quais são elas?

_____

5 Leia esta frase observando as ações nela descritas.

> Os meninos fugiram, subindo por um cipó em direção ao céu.

SUSAN MORISSE

a) Qual é a **causa** dessas ações?

_____

b) Qual é a **consequência** dessas ações?

_____
_____

De olho na linguagem

6 Neste trecho, o que significa a expressão **tirar a limpo**? Marque a resposta correta.

Algumas noites depois o roubo aconteceu de novo, e as mulheres resolveram tirar a limpo esses sumiços estranhos.

☐ Esclarecer.   ☐ Limpar.   ☐ Retirar.

7 Circule a palavra que tem sentido semelhante ao da palavra destacada.

Escondidas atrás de uns arbustos, elas observaram os meninos roubarem os ovos e saírem **sorrateiramente** para o mato.

- Por que as personagens agiram assim?

_____
_____

67

Para compreender o texto

8 Releia estes trechos.

a) **Numa noite** [...], as mulheres descobriram que os ovos de tartaruga que tinham colhido haviam desaparecido.

b) **Noutra noite**, a história se repetiu.

c) **Algumas noites depois** o roubo aconteceu de novo.

- Que informação as expressões em destaque dão ao leitor?

_____

_____

LER POR PRAZER

9 Leia este trecho de outro mito.

No princípio, não havia a noite. Só existia o dia. A noite estava guardada no fundo das águas.

Aconteceu, porém, que a filha da Cobra Grande se casou e disse ao marido:

— Meu marido, estou com muita vontade de ver a noite. [...]

Theobaldo Miranda Santos. *Lendas e mitos do Brasil*.
São Paulo: Companhia Editora Nacional, 1991.

a) O que você imagina que esse mito procura explicar?

b) Que pistas o texto lhe deu para pensar assim?

c) O que você observa de comum entre esse mito e *As estrelas nos olhos dos meninos*?

Educação em valores — Convivência

Todas as sociedades têm regras ou leis que procuram garantir o respeito entre as pessoas e uma boa convivência. No mito lido, as crianças foram transformadas em estrelas porque contrariaram uma regra importante.

- Para você, qual é a regra de convivência mais importante?
- Uma pessoa merece nova chance quando desrespeita uma regra e se arrepende?

Para falar e escrever melhor

Gramática — Vocativo

1 Leia a tira da personagem Suriá, uma garota que trabalha no circo.

Laerte

Quadrinho 1: MUITO BEM, SEU LEITE ESPERTINHO!... DESSA VEZ EU QUERO VER VOCÊ FERVER E TRANSBORDAR! NADA VAI ME FAZER TIRAR O OLHO DE VOCÊ! ...NEM AQUELE PINGÜIM DE BERMUDA ALI NA PORTA?

Quadrinho 3: ...HE! HE! HE!

Laerte. *Suriá contra o dono do circo*. São Paulo: Devir/Jacaranda, 2003.

> Aquele com quem se conversa.

a) Com quem Suriá conversa no primeiro quadrinho?

_____

b) Que expressão ela usa para chamar seu <u>interlocutor</u>?

_____

c) Por que a garota ficou brava no último quadrinho?

_____

2 Nesse último quadrinho, como o leite poderia se dirigir a Suriá? Complete a frase.

- He! He! He! Peguei você, _____ !

> Na frase, o termo (palavra ou expressão) usado para se dirigir ao interlocutor, como um chamamento, é o **vocativo**.
>
> O vocativo pode aparecer no começo, no meio ou no fim da frase e é separado dos outros termos geralmente por **vírgula**. Exemplos:
>
> **Lina,** você sabia que jurutaí é uma ave?
>
> Você sabia, **Lina,** que jurutaí é uma ave?
>
> Você sabia que jurutaí é uma ave, **Lina**?

Para falar e escrever melhor

3 Sublinhe o vocativo.

a) Querido diário
Quando eu era pequena, ficava olhando minha irmã, a Júlia, escrevendo num caderninho e sentia ciúme. Ficava imaginando sobre o que ela escrevia.

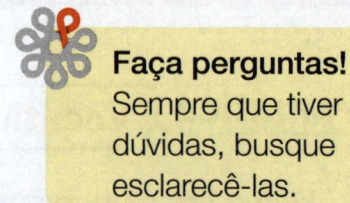

b) Me empresta a bicicleta, mano? Só um pouquinho, vai!

c) Bom dia, amiga! Como você está?

d) Você, meu filho, precisa dormir mais cedo! Assim, com sono, não vai conseguir acompanhar a aula!

e) Ei, pessoal, vamos dar um mergulho?

Faça perguntas! Sempre que tiver dúvidas, busque esclarecê-las.

4 Releia este trecho de *As estrelas nos olhos dos meninos*.

[...] As mulheres começaram a gritar, e os meninos, surpreendidos, correram.

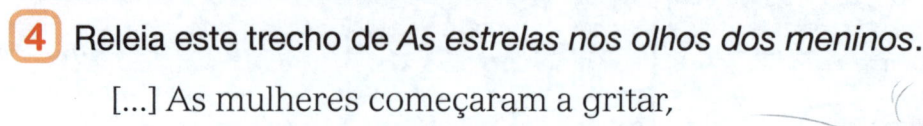

- Escreva o que você imagina que as mães podem ter gritado para os meninos ao surpreendê-los. Use um vocativo.

_____
_____
_____

5 Leia um trecho do livro *Uma fada veio me visitar*. Neste trecho, a fada conversa com a menina na cozinha, tentando convencê-la de que é mesmo uma fada.

— Você não vai conseguir sair. Eu dei um sopro mágico para trancar a porta para a gente poder conversar direito [...].

— Para! Você tá me assustando! Manhêêê!

Thalita Rebouças. *Uma fada veio me visitar*. Rio de Janeiro: Rocco, 2007.

a) Copie do texto o vocativo.
_____

b) Por que o vocativo foi escrito dessa forma?
_____
_____

Para falar e escrever melhor

Ortografia Acentuação

1 Releia este trecho do mito *As estrelas nos olhos dos meninos*.

> Na aldeia **indígena**, fogueiras eram acesas logo que escurecia, e as **famílias** se **reuniam** em torno delas para se **esquentar** do frio da noite, **comer** e conversar.

a) Separe as sílabas das palavras destacadas.

_____

_____

_____

b) Sublinhe a sílaba tônica de cada palavra.

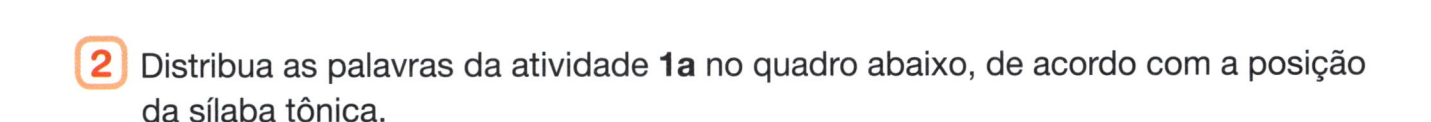

> **Sílaba tônica** é a sílaba pronunciada com mais intensidade na palavra.

2 Distribua as palavras da atividade **1a** no quadro abaixo, de acordo com a posição da sílaba tônica.

Antepenúltima sílaba	Penúltima sílaba	Última sílaba

> De acordo com a posição da sílaba tônica, as palavras se classificam como:
> - **oxítonas** – quando a sílaba tônica é a última.
>   Exemplo: *futebol*.
> - **paroxítonas** – quando a sílaba tônica é a penúltima.
>   Exemplo: *torcida*.
> - **proparoxítonas** – quando a sílaba tônica é a antepenúltima.
>   Exemplo: *técnico*.

Para falar e escrever melhor

3 Separe as sílabas e circule a sílaba tônica.

caminhar: _____   português: _____

óculos: _____   infalível: _____

pirulito: _____   maiúscula: _____

fornalha: _____   emoção: _____

- Agora, separe essas palavras de acordo com a posição da sílaba tônica.

   Oxítonas: _____

   Paroxítonas: _____

   Proparoxítonas: _____

4 Leia estas palavras em voz alta. Todas são oxítonas.

maracujá	abacaxis	jilós	metrô
chaminé	crachás	através	caratê
ninguém	agogôs	ipês	urubus
armazéns	tatu	tucupi	paletó

a) Circule as oxítonas que têm acento gráfico: agudo (´) ou circunflexo (^).

b) Observe a terminação das palavras que você circulou e escreva-as como exemplos, no quadro abaixo.

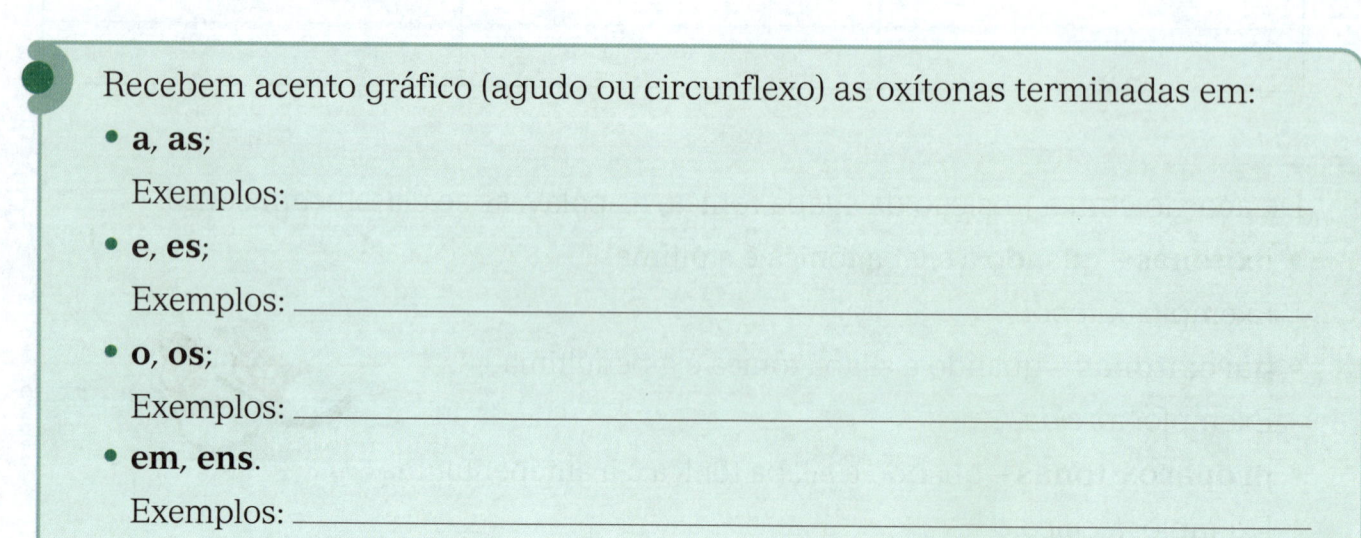

Recebem acento gráfico (agudo ou circunflexo) as oxítonas terminadas em:

- **a, as;**
  Exemplos: _____
- **e, es;**
  Exemplos: _____
- **o, os;**
  Exemplos: _____
- **em, ens.**
  Exemplos: _____

Para falar e escrever melhor

5) Acentue as palavras quando necessário.

fabula	qualidade	corrego	camera
caminho	mamifero	juventude	epoca
eletronico	pente	plastico	livro

a) Copie as palavras que você acentuou.

_____

_____

b) Nessas palavras, a sílaba tônica é a:

☐ última.   ☐ penúltima.   ☐ antepenúltima.

c) De acordo com a posição da sílaba tônica, essas palavras são:

☐ oxítonas.   ☐ paroxítonas.   ☐ proparoxítonas.

6) Escreva o nome destas figuras geométricas.

a) _____   b) _____   c) _____

- Observe a posição da sílaba tônica nesses nomes. O que eles têm em comum?

_____

7) Complete as frases com palavras proparoxítonas.

a) _____ é o sétimo dia da semana.

b) A Lua é o _____ natural da Terra.

c) O Homem-Aranha usa uma _____ para esconder o rosto.

8) Complete com o que se pode observar da acentuação das palavras proparoxítonas.

_____ as palavras proparoxítonas recebem _____
_____.

Exemplos: **ár**vore, **mé**dico, **ó**culos, cu**tí**cula, **nú**mero, **lâ**mina, a**tô**mico.

Para falar e escrever melhor

Oficina das palavras — Brincando com a sílaba tônica

1 Leia esta **quadrinha**.

Você sabe o que é um vândalo?
Não sei não, conte pra mim.
É alguém que faz escândalo,
Destrói tudo até o fim.

> **Quadrinha** é uma estrofe de quatro versos que rimam.

a) A palavra **vândalo** rima com a palavra **escândalo**.
Pinte o quadrinho da sílaba tônica dessas palavras.

vân	da	lo

es	cân	da	lo

b) Como essas duas palavras são classificadas quanto à posição da sílaba tônica?

☐ Oxítonas.   ☐ Paroxítonas.   ☐ Proparoxítonas.

2 Agora, complete as quadrinhas com palavras que rimam e que têm a sílaba tônica na mesma posição.

Palavras oxítonas

Gosto de filme de _____,
Mas tremo de medo.
A cada cena de _____,
Roo a unha e mordo o dedo.

Palavras paroxítonas

Eu ainda sou _____,
Mas já sei ler e escrever.
E me encho de _____
De muitas coisas fazer.

Palavras paroxítonas

No alto daquela serra
Passa boi, passa _____,
Passa gente ruim e boa,
Passa a minha _____.

Palavras _____

Quando olhei o céu fechado,
Vi que a chuva ia chegando.
_____
_____

Para falar e escrever melhor

Comunicação oral — Explicando provérbios

1 Leia estes provérbios e o significado deles.

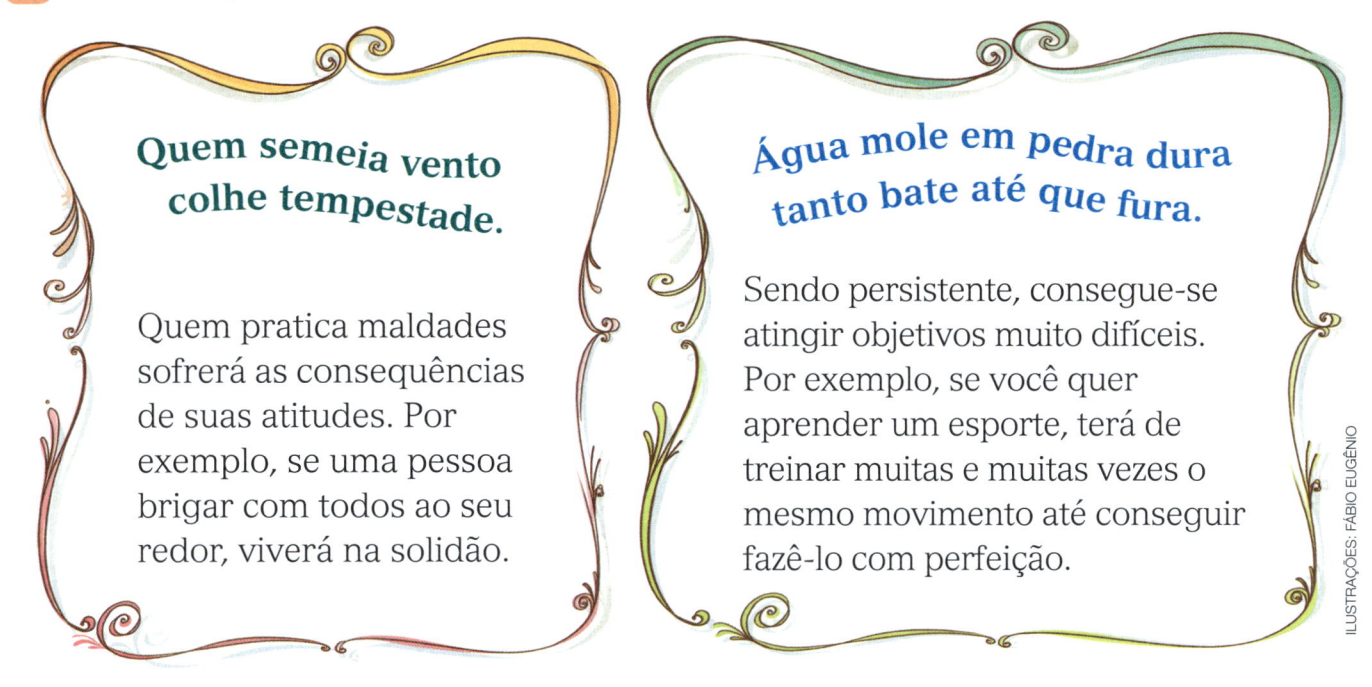

> **Quem semeia vento colhe tempestade.**
>
> Quem pratica maldades sofrerá as consequências de suas atitudes. Por exemplo, se uma pessoa brigar com todos ao seu redor, viverá na solidão.

> **Água mole em pedra dura tanto bate até que fura.**
>
> Sendo persistente, consegue-se atingir objetivos muito difíceis. Por exemplo, se você quer aprender um esporte, terá de treinar muitas e muitas vezes o mesmo movimento até conseguir fazê-lo com perfeição.

> O **provérbio**, também chamado de **ditado** ou **máxima**, é uma frase curta que expressa a experiência e a sabedoria de um povo. Ele é de origem popular muito antiga. Geralmente, procura transmitir um conselho ou uma advertência sobre atitudes e modos de pensar.

2 Você se lembra de outros provérbios?

- Escolha um provérbio que você acha interessante. Fale-o para os colegas e explique o que ele significa.
- Lembre-se de dar um exemplo que esclareça o significado do provérbio.

Autoavaliação	👍	👎
Utilizei um exemplo para explicar o provérbio?		
Usei um tom de voz adequado para que os colegas me ouvissem?		
Usei palavras e expressões que facilitaram a explicação?		
Ouvi com atenção a explicação dos colegas?		

TEXTO 2

Você lerá um **texto expositivo**. Ele foi escrito por um aluno de 9 anos com base em uma pesquisa na internet.

LER PARA APRENDER

Como nascem as Estrelas?

Você gostaria de saber como isso acontece? Antes das estrelas nascerem, elas são uma grande nuvem de gás e poeira interestelar. Essa nuvem tem o nome de nebulosa e existe dentro das galáxias.

O processo de formação das estrelas é lento e pode durar bilhões de anos. Primeiro, a nebulosa começa a se condensar formando um ponto cada vez maior. Depois, o interior da nebulosa vai se transformando em uma bola incandescente.

Nesse momento, acaba de nascer uma estrela.

FONTES: WWW.OBSERVATORIO.UFMG.BR/PAS06.HTM
WWW.IF.UFRJ.BR/TEACHING/ASTROFISICA/AULAS.HTML

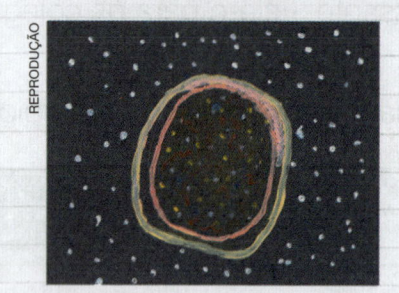

Felipe Bagaz Notari, 9 anos

Tantas palavras

- Sublinhe, no texto, as palavras que você não conhece.
- Procure o significado delas no dicionário.
- Quais delas você gostaria de usar em seus textos?

Para compreender o texto

Um pouco de conversa

1 Converse com os colegas.

a) Com que propósito um leitor vai ler esse texto?

b) O que você acha que o autor pretendia ao escrever esse texto?

c) Na sua opinião, o autor atingiu o objetivo?

Compreensão

> **Fique sabendo**
>
> O **texto expositivo** explica um tema relacionado a alguma área do conhecimento. Ele deve ter um **título** e é composto de três partes:
> - **introdução** – apresenta o tema (a ideia principal);
> - **desenvolvimento** – amplia o tema. Um modo de organizar as informações é apresentá-las em **sequência**, que pode ser marcada por expressões, como *primeiro, depois, em seguida, finalmente*;
> - **conclusão** – encerra a ideia principal.

2 Qual é o tema do texto *Como nascem as Estrelas*?
_____
_____

3 Qual é a principal informação da introdução?

☐ O processo de formação das estrelas é lento.

☐ As estrelas são nebulosas antes de nascer.

☐ As nebulosas são formadas de gás e poeira interestelar.

4 Em qual parágrafo do texto o tema é desenvolvido? _____

- Circule nesse parágrafo as expressões que indicam uma sequência.

5 Qual das frases abaixo poderia substituir a conclusão do texto?

☐ A formação de uma estrela depende de vários fatores.

☐ Essa bola incandescente é a estrela que acaba de nascer.

☐ Tudo começa com a condensação de uma nebulosa.

Para compreender o texto

6 Com base no texto a seguir, complete a cruzadinha com as palavras corretas para cada número.

> Antes de nascer, uma ① é uma grande ② de gás e ③ ④ , que recebe o nome de ⑤ .

7 Faça um esquema do texto.

- Escreva, ao lado de cada foto, a parte do texto a que ela corresponde. Em seguida, escreva uma frase com o assunto de cada parte.

Título do texto _____

Para compreender o texto

Fique sabendo

O texto expositivo é escrito com base em informações obtidas de **fontes**, como internet, livros e revistas especializados, enciclopédias ou mesmo o depoimento de especialistas no assunto. É importante que as fontes sejam confiáveis.

8 Em que fontes o aluno Felipe pesquisou para escrever o texto?

_____

a) Como é possível saber isso?

_____

b) Com a ajuda do professor, observe as fontes usadas por Felipe. O que indica que elas são confiáveis?

_____

c) Discuta com seus colegas o que vocês consideram fontes não confiáveis.

79

Para falar e escrever melhor

Dicionário — Sinônimo e antônimo

1 Leia este poema.

Palavra

A palavra PALAVRA
é cheia de mistérios,
azedume e **doçura**,
liberdade e **prisão**,
verdade e **mentira**,
alegria e **tristeza**,
voo livre e perigo.

Elias José. *O jogo das palavras mágicas*.
São Paulo: Paulinas, 2000.

a) Observe que em quatro versos estão destacados pares de palavras. Em cada par, as palavras têm sentido semelhante ou oposto?

_____

> Palavras de sentido semelhante são chamadas de **sinônimos**.
> Palavras de sentido contrário, oposto, são chamadas de **antônimos**.

b) As palavras destacadas no poema formam pares de sinônimos ou de antônimos?

_____

c) Copie os "mistérios da palavra", separando-os em duas listas.

- Mistérios alegres: _____
- Mistérios tristes: _____

d) Em sua opinião, por que o poeta usou pares de palavras como esses para definir os mistérios da palavra?

_____
_____
_____

Para falar e escrever melhor

2 Numere estas palavras considerando a ordem alfabética.

☐ doçura ☐ alegria ☐ perigo

☐ tristeza ☐ prisão ☐ liberdade

• Pesquise um antônimo para **perigo** e forme uma frase.

_____

3 Leia os significados da palavra **verdade**.

> **verdade** ver.da.de **s.f. 1** Verdade é aquilo que corresponde a algo que realmente existe ou acontece: *Pesquisou muito para descobrir a verdade*. **2** É também aquilo que se afirma e que expressa um fato como ele é: *dizer a verdade*. [Ant.: *mentira*.] **3** Também é uma atitude sincera, de quem não esconde o que sabe, o que sente ou o que pensa [= SINCERIDADE]: *Há muita verdade no comportamento dele*. [Ant.: *falsidade; mentira*.]

Caldas Aulete. *Dicionário escolar da língua portuguesa*.
Rio de Janeiro/São Paulo: Lexikon/Globo, 2009.

a) Escreva, antes de cada frase, o número correspondente ao significado da palavra **verdade** nesse verbete.

☐ Ele disse a verdade no tribunal.
_____
_____

☐ Há verdade em seu arrependimento.
_____
_____

☐ É verdade que sua neta nasceu em dezembro.
_____
_____

b) Agora, escreva, embaixo de cada frase, o significado de **verdade**.

Esquina da poesia

No Planeta Poesia,
quando um fala "Bom dia",
o outro diz "Como vai a sua tia".
Todo mundo é poeta,
do mais sábio
ao mais pateta.
[...]

Ricardo Silvestrin. *Pequenas observações sobre a vida em outros planetas*. São Paulo: Salamandra, 2004.

Para falar e escrever melhor

Gramática — Aposto

1 Leia este texto.

> Refere-se aos escravos fugidos do cativeiro, que se escondiam no quilombo.

Na escola quilombola

Diferente, mas igual a muitas que você conhece.

Escola quilombola é uma conquista recente e foi criada por um motivo especial. Acompanhe...

Cem anos depois da abolição da escravatura, a Constituição Brasileira – **como é chamado o conjunto de leis do nosso país** – reconheceu os direitos das comunidades quilombolas. Então, desde 1988, o governo é obrigado a dar aos descendentes de escravos o título de propriedade dos quilombos, **terras ocupadas pelos seus antepassados**. [...]

O ensino nas chamadas escolas quilombolas inclui o conteúdo escolar regular, que é dado para todos os estudantes, mas destaca a explicação da formação dos quilombos, da relação Brasil-África e da mistura da cultura africana com a brasileira.

Ciência Hoje das Crianças, n. 251, nov. 2013.

a) Você sabia da existência das escolas quilombolas?

b) Em que elas são diferentes das outras escolas?

c) Observe que os trechos destacados no texto explicam uma palavra ou expressão que vem antes deles.

- Escreva a palavra ou a expressão que cada trecho explica.

    1 "como é chamado o conjunto de leis do nosso país":
    _____
    _____

    2 "terras ocupadas pelos seus antepassados":
    _____
    _____

Na frase, a parte que explica uma palavra ou expressão é chamada **aposto**.

Exemplos: *Pedro, **o irmão de Júlia**, vai mudar de escola.*

O aposto, em geral, é escrito entre vírgulas ou entre travessões. Pode também aparecer depois de dois-pontos em uma enumeração.

Exemplo: *Na praia, tomei sucos de várias frutas: **umbu, açaí, maracujá e pitanga**.*

Para falar e escrever melhor

Vá com calma!
Não tenha pressa. Pense bem antes de fazer o que se pede.

2 Sublinhe o aposto nos textos.

- Copie a palavra ou a expressão a que o aposto se refere.

a) A Princesa Isabel, filha de Dom Pedro II, assinou, em 13 de maio de 1888, a Lei Áurea, pondo fim à escravidão no país.

Expressão a que se refere: _____

b) Uma grande mudança ocorreu na Astronomia quando Galileu Galilei, astrônomo italiano, passou a usar a luneta para observar os astros. Suas observações causaram grande polêmica porque sugeriam que a Terra girava em torno do Sol.

Expressão a que se refere: _____

c) O Curupira, uma das personagens mais populares do folclore brasileiro, é tido como protetor das matas e dos animais.

Expressão a que se refere: _____

d) O tatu-bola, mascote da Copa do Mundo de 2014, é capaz de se enrolar completamente em sua carapaça.

Expressão a que se refere: _____

e) Em torno do Sol orbita um conjunto de oito planetas: Mercúrio, Vênus, Terra, Marte, Júpiter, Saturno, Urano e Netuno.

f) Expressão a que se refere: _____

3 Complete as frases usando o aposto dado.

a) _____, minha música preferida, é cantada por _____.

b) _____, meu/minha amigo/amiga desde _____, estuda _____.

c) No dia _____, meu aniversário, queria ganhar _____.

Não confunda (TIL, M ou N)

- Complete as palavras com a letra adequada ou o sinal de nasalização.

tro____pete   imu____dice   e____prestar   órfa____   ba____bolê

amanha____   mora____go   lo____gitude   domi____go   u____bigo

Para falar e escrever melhor

Memória visual

Campeonato de acentuação

Jéssica e José estão participando de um campeonato de acentuação.

- O apresentador mostra uma ficha com as palavras.

- Aquele que apertar primeiro o botão deve dizer:

  1º) se naquela ficha as palavras são oxítonas ou proparoxítonas;

  2º) em que sílaba cada uma delas deve ser acentuada;

  3º) se o acento é agudo ou circunflexo.

- O participante que acertar ganha 10 pontos.

- O participante que errar perde 10 pontos e passa a vez para o outro.

Campeonato

PLACAR
30 X 30

Para falar e escrever melhor

FICHA 1
ATRAS
MATINE
VAIVENS
GAMBA
CHULE

FICHA 2
TRANSITO
UMIDO
NAUTICO
HABITO
OXITONA

FICHA 3
POREM
CONVES
BAMBOLE
CIPO
MARQUES

FICHA 4
HISTORICO
HOROSCOPO
ANTIDOTO
FOLEGO
FENOMENO

ALBERTO DE STEFANO

COMUNICAÇÃO ESCRITA

Hora de produzir um texto! Vá para a página 24 do **Caderno do Escritor**.

85

UNIDADE 4
Eu vou ao cinema

Áudiovisual
História do cinema

O que eu vejo

Observe a imagem e converse com os colegas.

- Que lugar é esse?
- Quem são essas personagens?
- O que elas estão fazendo?

O que eu sei

Agora, fale de você.

- Você costuma ir ao cinema?
- Qual é seu filme de animação preferido?
- Você sabe como eram os filmes de animação quando surgiram?

Cena do filme *Divertida Mente* (EUA, 2015), dirigido por Pete Docter e Ronaldo Del Carmen.

87

TEXTO 1

Você vai ler a **resenha** de um filme de animação. Preste atenção em como o autor resume os fatos mais importantes do filme sem revelar o final.

LER PARA SE INFORMAR

Nova animação *Divertida Mente* brinca com os sentimentos; leia crítica

Você já se mudou de casa, de cidade ou de escola? E de tudo isso junto? É o que acontece com a menina Riley, a personagem da animação *Divertida Mente*, que estreia no cinema na próxima quinta (18).

No começo do filme, a vida de Riley parece tranquila. Ela vive com os pais em Minnesota, um estado dos Estados Unidos onde faz muito frio. Por isso, gosta de jogar hóquei no gelo e de brincar com a neve.

As coisas mudam quando a família dela vai morar em San Francisco, uma cidade grande, em uma região bem mais quente. Ali, tudo é novidade. E quase tudo é problema.

Medo, Alegria e Nojinho.

Sabe de onde nós vemos toda a história de Riley? De dentro dela! *Divertida Mente* mostra o que acontece no corpo dela quando ela tem emoções, sonhos, lembranças etc.

Na cabeça da Riley trabalha uma "equipe de comando": tem uma menina que cuida da alegria, outra que cuida da tristeza e também personagens responsáveis pelo medo, pelo nojo e pela raiva.

A menina da alegria quer mandar na Riley, para deixá-la sempre feliz. Mas quem disse que tem jeito de evitar a tristeza o tempo todo? E a raiva, então?

De vez em quando esses sentimentos também aparecem. Na Riley e em seus pais. O filme mostra a "equipe de comando" da cabeça deles.

Dica: quando acabar a história, espere mais um pouco. Você vai conhecer o que se passa dentro da cabeça de... um cachorro e um gato!

Sérgio Rizzo. Disponível em: <http://mod.lk/resenha>.
Folhinha. Acesso em: 8 jun. 2018.

Tantas palavras

- Releia o título da animação e discuta com os colegas: as palavras **divertida** e **mente** podem formar outra palavra. Qual? Registre sua resposta no *Caderno do Escritor*.

Para compreender o texto

Um pouco de conversa

1 Converse com os colegas.

a) Você conhece esse filme? Já assistiu a ele?

b) Se já o viu, concorda com o que o autor escreveu sobre ele?

c) Se ainda não o viu, ficou com vontade de assistir ao filme depois de ler a resenha? Por quê?

d) Você costuma ler resenhas de livros e filmes para se informar antes de escolher o que ler ou assistir?

e) De que outra maneira podemos nos informar sobre livros e filmes?

Alegria.

Compreensão

Fique sabendo

A **resenha** é um texto descritivo e de opinião que traz um resumo e comentários sobre uma obra, que pode ser um livro, um filme, uma peça teatral ou qualquer outro espetáculo.

Ao ler uma resenha, o leitor pode se interessar ou não por conhecer uma obra. Por isso, o autor da resenha não pode contar o final da história nem estragar a surpresa de quem vai ler a obra ou assistir a ela.

2 Essa resenha é sobre que tipo de obra: livro, filme ou texto teatral?

_____

3 Em quais parágrafos da resenha está o resumo do filme? _____

- Como é possível saber isso? Assinale a alternativa correta.

☐ Nesses parágrafos estão as partes importantes da história: o começo, o meio e o fim, e as personagens nela envolvidas.

☐ Nesses parágrafos estão as partes mais importantes da história: as personagens principais, o conflito e o lugar onde acontece a história.

Para compreender o texto

> **Fique sabendo**
>
> A resenha apresenta:
> - dados da obra: título, data, gênero, autor;
> - resumo da obra;
> - comentários gerais sobre a obra;
> - opinião do autor da resenha sobre a obra.

Raiva e Tristeza.

4 Qual é o nome do autor da resenha? _____

5 Qual é o título da resenha?
_____
_____

6 Qual é o título do filme resenhado? _____

7 Qual é a data de estreia do filme? _____

8 Esse filme é indicado para crianças ou para adultos? Como você chegou a essa conclusão?
_____
_____
_____
_____

9 Releia o primeiro parágrafo da resenha.

> Você já se mudou de casa, de cidade ou de escola? E de tudo isso junto? É o que acontece com a menina Riley, a personagem da animação *Divertida Mente*, que estreia no cinema na próxima quinta (18).

- Que informações estão presentes nesse trecho?

    ☐ Título do filme, personagem principal, data da estreia.

    ☐ Título do filme, resumo e personagem principal.

    ☐ Resumo do filme, personagem principal e data de estreia.

Medo.

Para compreender o texto

10 Para você, essa resenha é mais descritiva ou de opinião? Explique sua resposta.

_____
_____
_____

- De que maneira o autor se dirige ao leitor?

   ☐ Usando linguagem informal, como numa conversa.

   ☐ Usando linguagem formal, descrevendo o filme.

11 Por que o autor da resenha diz que a animação brinca com os sentimentos?

Nojinho.

De olho na linguagem

12 Releia os trechos e observe os sinais de pontuação em destaque.

> Você já se mudou de casa, de cidade ou de escola**?** E de tudo isso junto**?**
> Sabe de onde nós vemos toda a história de Riley**?** De dentro dela**!**
> Mas quem disse que tem jeito de evitar a tristeza o tempo todo**?** E a raiva, então**?**

- Na sua opinião, por que o autor usou esses sinais de pontuação na resenha?

_____
_____
_____
_____

LER PARA SE INFORMAR

13 Você acha que é possível perceber a opinião do autor sobre o filme na resenha?

_____
_____
_____
_____

Para falar e escrever melhor

Gramática — Variedades da língua

1 Leia a tirinha.

CHICO BENTO — Mauricio de Sousa

> CHICO... OCÊ TÁ MUITO CABELUDO!
> PERCISA CORTÁ' O CABELO!
> NUM QUERO MÃE!
> A FESSORA FALÔ QUI O BARBERO TRANSMITE A DOENÇA DI CHAGAS!

a) O que torna a tirinha engraçada?

b) Nessa tira, as personagens falam de um jeito próprio de muitas pessoas da zona rural. Como seria se eles falassem do jeito que você aprende na escola? Reescreva o diálogo nos balões.

c) A tira fica mais expressiva com as falas originais ou com as que você escreveu?

> **Variedades da língua** são as diferentes maneiras de falar a língua. Elas dependem da idade, da profissão e da situação social, cultural e regional das pessoas. Nenhuma variedade é errada, pois todas permitem a comunicação.
>
> **Variedade urbana de prestígio** é aquela que se aprende na escola e tem mais prestígio social.
>
> **As outras variedades** são todas as maneiras de falar diferentes da norma urbana de prestígio.

Para falar e escrever melhor

2 Observe a ilustração e leia o texto.

> ... e preste atenção: este medicamento não deve ser usado em caso de função da medula insuficiente, após tratamento citostático ou doenças do sistema hematopoiético. Ok?

a) Na sua opinião, o paciente compreendeu a explicação do médico? Por quê?

_____
_____

b) A linguagem usada pelo médico é errada? Explique.

_____
_____

3 Leia esta fala.

— Moço, quanto custa as bala?

a) A pessoa está perguntando o preço de uma única bala ou de várias balas?

_____

b) Como você sabe?

_____

c) Por que você acha que ela usou apenas essa palavra no plural?

_____
_____
_____

d) Reescreva essa fala na variedade padrão.

_____
_____

Esquina da poesia

Sapo, socó, salamandra,
Siriema, siricora,
Tem saracura e serpente...
Êita, que lembrei agora
De suricato e sagui,
De salmão e sucuri,
Que registro sem demora.

Klévisson Viana. Em *Abecedário dos bichos*. Porto Alegre: Edelbra, 2013.

Para falar e escrever melhor

Ortografia — Acentuação de palavras paroxítonas 1

1 Leia o texto.

Como é ser criança hoje?

Mais de 350 meninas e meninos responderam a essa pergunta no concurso de redações da *Folhinha*. E as respostas foram as mais diferentes.

O choque de gerações e o uso constante de *videogames*, celulares e outras tecnologias foram os temas da maior parte dos textos.

As produções vieram de diferentes estados, como Rondônia, Mato Grosso do Sul, Minas Gerais e São Paulo, de onde saiu o vencedor, que receberá 20 livros, enquanto seu colégio ganhará 50 exemplares.

Disponível em: <http://mod.lk/sercrian>.
Acesso em: 8 jun. 2018. Texto adaptado.

a) E para você, como é ser criança hoje?

b) Leia estas palavras em voz alta: **pergunta**, **concurso** e **exemplares**.

- Como elas são classificadas em relação à posição da sílaba tônica?
_____

c) Há muitas palavras paroxítonas no texto, mas apenas duas são acentuadas. Quais são essas palavras? _____

2 Leia as palavras do quadro em voz alta observando a posição da sílaba tônica.

vírus	biquíni	grátis	mágoa
prédio	histórias	língua	cadeado
ambiente	escada	eles	modelo

a) Como essas palavras são classificadas com relação à posição da sílaba tônica?
_____

b) Observe a terminação dessas palavras. Depois, complete a regra.

São acentuadas as palavras paroxítonas terminadas em _____, _____ ou _____ e _____, seguido ou não de _____.

94

Para falar e escrever melhor

3 Relacione as palavras às regras de acentuação.

☐ safári
☐ oásis
☐ bônus
☐ Rondônia

1 Paroxítona terminada em **ditongo**.
2 Paroxítona terminada em **i** ou **is**.
3 Paroxítona terminada em **us**.

4 Copie as palavras paroxítonas acentuando-as se necessário.

| jogador | avestruz | barriga | bonus | roupeiro | safari |
| agua | pelucia | urubus | lanche | invenção | lapis |

_____

_____

5 Leia as informações sobre os planetas. Depois, desembaralhe as sílabas e descubra o nome deles.

- Se necessário, acentue as palavras e justifique a acentuação.

É o menor e mais interno planeta do sistema solar. Um dia nesse planeta corresponde a 176 dias terrestres.

RIO   CU   MER : _____

_____

É o planeta mais quente do sistema solar, com temperaturas que chegam a 480 °C. É conhecido como "Estrela-d'Alva" ou "Estrela da Manhã".

VE   NUS : _____

_____

95

Para falar e escrever melhor

Oficina das palavras — Entendendo gírias

1 Leia este diálogo.

— E aí, **cara**, vamo **dar um rolê**?
— **Pô, mano, demorou!** O que **tá rolando**?
— Uma **balada da hora** na casa da Beatriz.
— É mesmo? **Tô dentro!**

- Você conhece o significado das palavras e expressões em destaque no texto? Escreva-os.

_____
_____
_____
_____
_____

> As **gírias** são palavras e expressões da linguagem informal usadas e compreendidas por determinados grupos sociais.
>
> Algumas gírias se popularizam e são usadas por muitas pessoas. Outras funcionam como uma espécie de código que apenas grupos restritos compreendem.

2 Agora, reescreva o diálogo da atividade 1 eliminando as gírias ou substituindo-as por uma linguagem mais formal.

_____
_____
_____
_____
_____

Para falar e escrever melhor

Comunicação oral — Conversando sobre cinema

1 Reúna-se com seus colegas em pequenos grupos.

- Conversem sobre o gênero de filmes preferido de vocês: ação, aventura, comédia, drama, ficção científica, animação ou terror.
- Lembrem-se de filmes desse gênero e escolham um deles para apresentar para a classe.

2 Preparem a apresentação de maneira que a classe possa descobrir o gênero de filmes preferido do grupo.

- Cada grupo deve escolher um destes três modos possíveis de apresentação: resumo do filme, encenação, jogo de adivinhação.
- Escrevam o que cada aluno vai falar e treinem bastante para a apresentação.

3 Apresentem aos colegas o que o grupo produziu.

- Para resumir uma história, descrevam as personagens, o cenário e contem os fatos importantes do filme. Mas atenção: nunca revelem o final do filme!
- Para encenar, os atores devem conhecer todas as suas falas e interagir com os colegas de grupo. O volume de voz deve permitir que todos ouçam com clareza.
- O jogo de adivinhação pode ser uma dinâmica de perguntas e respostas para a classe, dando dicas que ajudem na descoberta do filme escolhido.

Seja criativo! Use sua imaginação para fazer uma apresentação inovadora.

Autoavaliação	👍	👎
Segui corretamente todas as etapas da atividade?		
Fui criativo na apresentação do filme?		
Consegui me comunicar com clareza?		
Os colegas adivinharam o filme escolhido por meu grupo?		

TEXTO 2

Você vai ler uma **entrevista** sobre a animação *Divertida Mente*. Preste atenção às perguntas e às respostas.

LER PARA SE INFORMAR

http://mod.lk/cinema

Filme *Divertida Mente* estreia nos cinemas

Leia a entrevista com Pete Docter e Jonas Rivera, diretor e produtor da animação

Por Paula Desgualdo

[...]

De onde surgiu a ideia do filme?

Pete Docter: Vendo minha filha crescer. Como pai, eu queria que ela permanecesse jovem e me sentia mal por ela ter de enfrentar dificuldades, queria protegê-la. É mais ou menos isso o que acontece na história.

Como representar a mente de uma menina de 11 anos?

Jonas Rivera: Não é como *Procurando Nemo* ou *Carros*. Você sabe como é um peixe ou um carro, mas qual é a aparência da alegria? Nossa intenção era personificar as emoções e a geografia da mente de uma maneira que ficasse claro para as pessoas. É uma representação da mente, não do cérebro, então, não queríamos que tivesse vasos sanguíneos nem que remetesse à ficção científica. Nos esforçamos bastante para que parecesse a mente de uma menina. Colorida, divertida...

Da esquerda para a direita: o produtor Jonas Rivera e o diretor Pete Docter na estreia do filme em Berlim, Alemanha, em 16 de setembro de 2015.

98

O que vocês esperam que as crianças sintam ou aprendam com essa história?

PD: [...] Um dos nossos colegas disse que seu filho estava fazendo aulas de natação e sempre tinha medo de pular do trampolim. Um dia, depois de assistir ao filme, ele pulou e disse ao pai: "Eu senti que o medo estava no comando e pedi para que ele saísse". Para nós, isso é fantástico. Levar às crianças a consciência de que elas podem lidar com suas emoções.

Raiva, uma das personagens da animação *Divertida Mente*, que estreia nesta quinta-feira (18) nos cinemas.

Existem duas narrativas acontecendo ao mesmo tempo. Como foi contar a história dessa maneira?

PD: Esse foi um dos maiores desafios enquanto escrevíamos, porque sabíamos que tinha de haver uma história do lado de fora, mas eu continuava sendo levado para dentro, para o que estava acontecendo com a Alegria. A história toda é contada do ponto de vista dos pais. Da mesma maneira que nós amamos e cuidamos dos nossos filhos, a Alegria sente esse amor e essa conexão intensa. E essa é a razão de tudo o que ela faz pela Riley.

Esse é também um filme sobre se permitir ficar triste...

JR: Sim. Nós, como pais, diríamos sempre "não fique triste". Isso não está certo. Há um motivo para que elas se sintam tristes. Mas, aparentemente, você só quer que tudo esteja ótimo. Claro que ninguém quer se sentir triste, mas a gente se sente. E você precisa sentir por algum motivo. Isso pareceu muito real para a gente.

Com *tablets*, cinema 4-D e tantos jogos interativos, vocês acham que ainda há espaço entre as crianças para o cinema tradicional?

JR: O mundo mudou, e a gente vê isso desde o primeiro filme que fez, mas o que nos interessa é contar uma história e fazer filmes. É o que amamos e é sobre o que a gente gosta de falar. Eu não posso imaginar um mundo em que não haja espaço para uma boa história.

Paula Desgualdo. Disponível em: <http://mod.lk/cinema>.
Acesso em: 8 jun. 2018.

Para compreender o texto

Um pouco de conversa

1 Converse com os colegas.

a) Você já leu alguma entrevista antes?

b) O título da entrevista dá pistas sobre o assunto?

c) Há algo nessa entrevista que você achou curioso?

d) Em que meios de comunicação podemos encontrar entrevistas?

Compreensão

> **Fique sabendo**
>
> A **entrevista**, antes de ser escrita em jornais ou revistas, é feita oralmente. Seu texto contém informações sobre um assunto de interesse público. Ela pode apresentar depoimentos de um ou mais entrevistados que contam sua experiência com determinado tema.
>
> Uma entrevista costuma ter:
> - título;
> - apresentação do entrevistado;
> - perguntas (feitas pelo entrevistador) e respostas (dadas pelo entrevistado).

2 Qual é o assunto da entrevista?

☐ Um resumo do filme.

☐ A profissão de produtor de cinema.

☐ A profissão de diretor de cinema.

☐ Curiosidades a respeito da criação da animação.

3 Qual é o título da entrevista?

_____

4 Quem são os entrevistados?

_____

5 O que fazem os entrevistados?

_____

Para compreender o texto

6 Por que eles foram escolhidos para serem entrevistados para falar sobre o filme *Divertida Mente*?

_____
_____

7 Que outras pessoas poderiam ser entrevistadas para falar sobre a animação? Explique.

_____
_____

8 Quem faz as perguntas que aparecem em negrito?

_____
_____

9 Crie uma pergunta que não foi feita pela jornalista para os entrevistados.

_____
_____

10 Releia um trecho da entrevista.

PD – [...] Um dos nossos colegas disse que seu filho estava fazendo aulas de natação e sempre tinha medo de pular do trampolim. Um dia, depois de assistir ao filme, ele pulou e disse ao pai: "Eu senti que o medo estava no comando e pedi para que ele saísse".

- O que um dos entrevistados espera que as crianças aprendam ao ver a animação?

_____
_____

Para compreender o texto

11 Releia a penúltima pergunta da entrevistadora.
- O que significa "se permitir ficar triste"?

_____
_____
_____
_____

12 Quais são as duas narrativas que acontecem ao mesmo tempo no filme?

_____
_____

13 O que o produtor e o diretor do filme valorizam mais: o uso da tecnologia ou uma boa história? Explique.

_____
_____
_____

14 Na sua opinião, o que é uma "boa história"?

De olho na linguagem

Vídeo
Divertida Mente

15 Observe a seguinte pergunta feita pela jornalista aos entrevistados.

Esse é também um filme sobre se permitir ficar triste...

- Por que não há ponto de interrogação?

Educação em valores — Emoções

Há situações que nos levam a sentir raiva; outras, tristeza; outras, ainda, alegria. Como lidamos com essas emoções interfere no nosso bem-estar e nas nossas relações.

- Com que frequência você sente raiva, tristeza, medo e alegria? Como lida com essas emoções?

Para falar e escrever melhor

Gramática — Substantivo: simples e composto

1 Leia esta notícia.

Bicho-preguiça é resgatado de dentro de uma casa em São Sebastião, SP

[...]

Um **bicho-preguiça** foi resgatado de dentro de uma casa, na tarde desta **quinta-feira** (7), no bairro Camburi, em São Sebastião (SP). O resgate durou cerca de cinco minutos. [...]

De acordo com o morador da casa, Francisco Elton da Costa, o animal caiu de cima do telhado e entrou na casa.

[...] De acordo com a polícia, o animal não tinha ferimentos e estava tranquilo, mas se agarrou a uma cadeira para não sair da casa. O animal foi levado para a Polícia Ambiental e será solto na mata.

Disponível em: <http://mod.lk/bichopre>.
Acesso em: 8 jun. 2018.

a) O que aconteceu ao bicho-preguiça?

b) Observe os substantivos em destaque na notícia. De quantas palavras eles são formados? _____

2 Escreva o nome de seis animais.

a) Três nomes formados por apenas uma palavra.
_____

b) Três nomes formados por duas ou mais palavras.
_____

> O **substantivo simples** é formado por uma só palavra.
> Exemplos: *morador, telhado, animal.*
> O **substantivo composto** é formado por duas ou mais palavras, ligadas ou não por hífen.
> Exemplos: *bicho-preguiça, quinta-feira, passatempo, pé de moleque.*

103

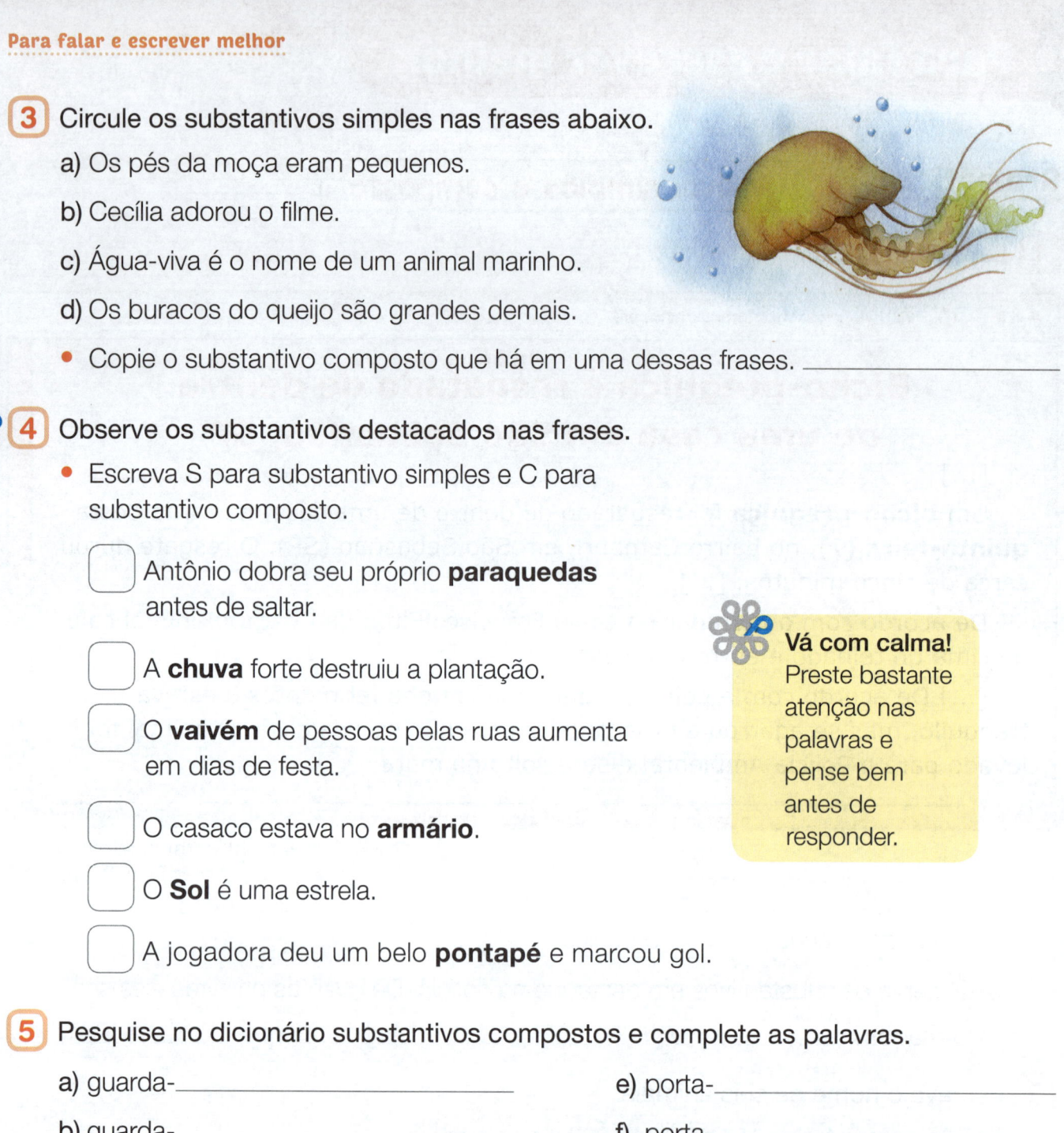

Para falar e escrever melhor

3 Circule os substantivos simples nas frases abaixo.

a) Os pés da moça eram pequenos.

b) Cecília adorou o filme.

c) Água-viva é o nome de um animal marinho.

d) Os buracos do queijo são grandes demais.

- Copie o substantivo composto que há em uma dessas frases. _____

4 Observe os substantivos destacados nas frases.

- Escreva S para substantivo simples e C para substantivo composto.

☐ Antônio dobra seu próprio **paraquedas** antes de saltar.

☐ A **chuva** forte destruiu a plantação.

☐ O **vaivém** de pessoas pelas ruas aumenta em dias de festa.

☐ O casaco estava no **armário**.

☐ O **Sol** é uma estrela.

☐ A jogadora deu um belo **pontapé** e marcou gol.

Vá com calma! Preste bastante atenção nas palavras e pense bem antes de responder.

5 Pesquise no dicionário substantivos compostos e complete as palavras.

a) guarda-_____ e) porta-_____

b) guarda-_____ f) porta-_____

c) guarda-_____ g) porta-_____

d) guarda-_____ h) porta-_____

6 Una as palavras formando substantivos compostos.

- Se você tiver dúvidas quanto à escrita, consulte o dicionário.

a) vaga + lume: _____ d) sobre + mesa: _____

b) vara + pau: _____ e) obra + prima: _____

c) gira + sol: _____ f) arco + íris: _____

Para falar e escrever melhor

Ortografia: Acentuação de palavras paroxítonas 2

1 Leia o texto.

> Eu sei que você não vê. Mas eu estou aí, sim. Não estou visível, mas estou presente. Uma presença, digamos assim, virtual, que a gente pode ver, ou adivinhar, com os olhos da mente. Estou na barriga da minha mãe, que está grávida: "Gestante com livro" é o título que o artista deu ao quadro.

Moacyr Scliar. Histórias de mãe e filho. Em *Histórias de quadros e leitores*. Organização de Marisa Lajolo. São Paulo: Moderna, 2006.

Gestante com livro, de Lasar Segall, 1930.

a) Por que o texto diz que se trata de uma presença virtual?

b) Sublinhe as palavras do texto que são acentuadas.

c) Qual das palavras que você sublinhou é paroxítona?

_____

2 Leia em voz alta estas palavras paroxítonas acentuadas.

> órfão   fórum   hífen   açúcar   amigável
> legível   ímãs   tríceps   álbuns
> órgãos   látex   zíper   álbum   pólen

a) Agora, organize as palavras na tabela.

Paroxítonas acentuadas terminadas em			
ão(s) ou **ã(s)**	**um** ou **uns**	**l** ou **n**	**r, x** ou **ps**

Para falar e escrever melhor

b) Complete a regra abaixo de acordo com a tabela que você preencheu.

> São acentuadas as paroxítonas terminadas em _____
> _____.

3 Leia em voz alta mais estas palavras paroxítonas acentuadas.

pônei   jóquei   répteis   amáveis   têxteis

- Agora, complete mais esta regra de acentuação.

> São acentuadas as paroxítonas terminadas em _____ ou _____.

4 Separe as palavras com barras e escreva-as corretamente.

> comestivelconsumivelamigavelcombustivelhorrivel
> inatingivelimperdivelflexivelimpossivelterrivel
> invisivelsensivelirresistivelbebivelindescritivel

_____
_____
_____

- Você acentuou as palavras? Por quê?

_____
_____

5 Os nomes destas pedras são palavras paroxítonas. Acentue-as.

a)  topazio imperial
b)  lapis-lazuli
c)  ambar
d)  agua-marinha
e)  onix

Para falar e escrever melhor

6 Complete o diagrama com as seguintes palavras.

1. Paroxítona terminada em US: *planta de regiões quentes que contém água*
2. Paroxítona terminada em ÃO: *ato de abençoar*
3. Paroxítona terminada em L: *que merece confiança*
4. Paroxítona terminada em IS: *a pele do rosto*
5. Paroxítona terminada em ditongo: *remédio para os olhos*
6. Paroxítona terminada em X: *ave mitológica que renasce das cinzas*
7. Paroxítona terminada em R: *blusa de lã*
8. Paroxítona terminada em N: *sinônimo de paraíso*
9. Paroxítona terminada em PS: *instrumento cirúrgico que parece uma pinça*
10. **Paroxítona terminada em UM: *sinônimo de soro***

> **Dica**
> Todas as palavras são acentuadas.

10. S É R U M

- Escolha uma das palavras do diagrama e escreva uma frase.

_____

_____

Não confunda! L ou U

| anima___ | psi___ | bacalha___ | sara___ |
| barri___ | chapé___ | rea___ | go___ |

107

Para falar e escrever melhor

Memória visual

Escolhendo fotos para um catálogo

Gilberto está organizando uma mostra fotográfica. Vamos ajudá-lo?

- Escreva o nome das figuras e sublinhe a **sílaba tônica**.
- Acentue as palavras sempre que necessário.
- Circule as **paroxítonas acentuadas**.
- Pinte as tachinhas das fotos que apresentam palavras **paroxítonas**.

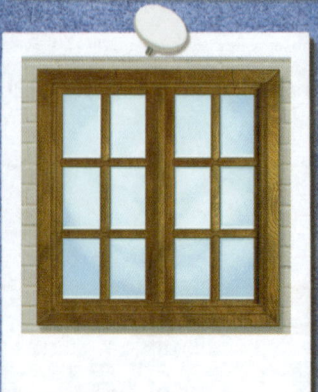

Para falar e escrever melhor

COMUNICAÇÃO ESCRITA

Hora de produzir um texto! Vá para a página 28 do **Caderno do Escritor.**

109

UNIDADE 5
Eu conheço meu cérebro

ZÉ NEURIM
(neurônio da memória)

Diferentes áreas do cérebro estão associadas à memória.

ACUMBENTE DOS PRAZERES
(neurônio das emoções)

Localiza-se na parte interna do cérebro.

OLÍVIO GRAVADOR
(neurônio da audição)

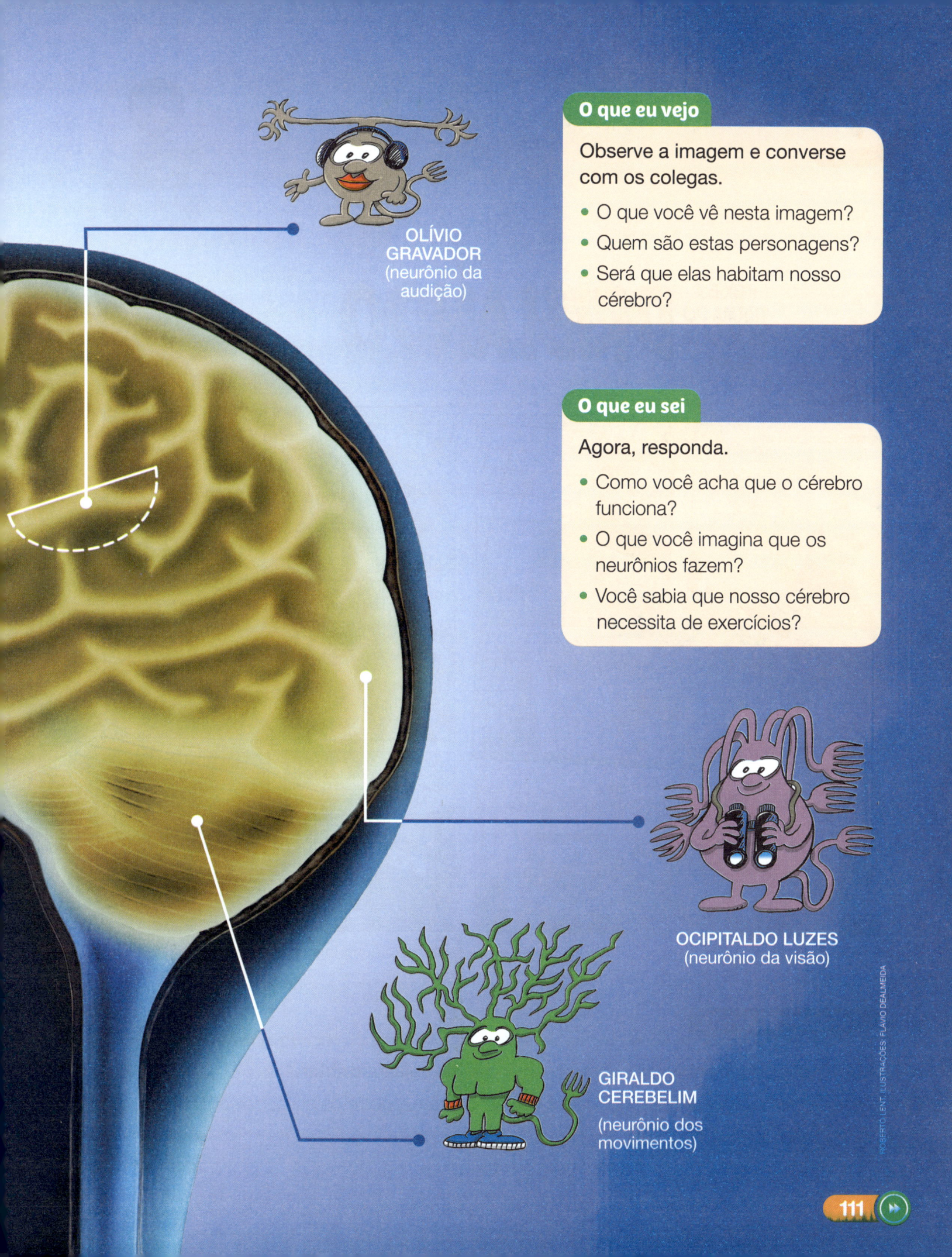

OCIPITALDO LUZES
(neurônio da visão)

GIRALDO CEREBELIM
(neurônio dos movimentos)

O que eu vejo

Observe a imagem e converse com os colegas.

- O que você vê nesta imagem?
- Quem são estas personagens?
- Será que elas habitam nosso cérebro?

O que eu sei

Agora, responda.

- Como você acha que o cérebro funciona?
- O que você imagina que os neurônios fazem?
- Você sabia que nosso cérebro necessita de exercícios?

TEXTO 1

A narrativa a seguir é uma **história em quadrinhos**. Ela foi criada pelo neurocientista Roberto Lent e pelo quadrinista Flávio Dealmeida.

LER POR PRAZER

PTIX E A TURMA DO ZÉ NEURIM EM DRIBLANDO A DOR

ROTEIRO: ROBERTO LENT
TEXTO E DESENHOS: FLÁVIO

— VAI, PTIX! FAZ O GOL!

PIMBA

GOOL! GOOL!

— GOLAÇO, PTIX!
— NÃO ADIANTOU NADA O JAMANTA FAZER AQUELA FALTA EM VOCÊ!

LOGO DEPOIS DO JOGO...

AI!

— O QUE FOI, PTIX?
— AGORA QUE EU TÔ SENTINDO A PANCADA DO JAMANTA, ZECA!

— MAS POR QUE, SÓ AGORA, EU FUI SENTIR DOR?

— É QUE O ACUMBENTE FICOU MUITO EMOCIONADO PELA PARTIDA DE FUTEBOL E BLOQUEOU OS NEURÔNIOS DA DOR!

— NÃO ENTENDI COMO NÓS DO SETOR DE CHUTES E PULOS CONSEGUIMOS FAZER O SERVIÇO DIREITO, DEPOIS DESSA PANCADA!

PULA CHUTA CORRE PARA

— NÃO É À TOA QUE EU SOU UM NEURÔNIO TORCEDOR!

FIM

Roberto Lent. Ilustrações de Flávio Dealmeida.
Instituto Ciência Hoje.

⚽ Tantas palavras

Converse com os colegas sobre o significado da palavra **driblar**.

- Procure no dicionário os significados dessa palavra e registre-os no *Caderno do Escritor*.
- Dos significados que você encontrou, qual foi usado no texto?

Para compreender o texto

Um pouco de conversa

1 Converse com os colegas.

a) O que aconteceu durante o jogo?

b) O que aconteceu com Ptix logo depois do jogo?

c) Que personagem explicou o que aconteceu com Ptix?

d) Em sua opinião, essa história em quadrinhos foi escrita só para divertir o leitor?

Compreensão

Fique sabendo

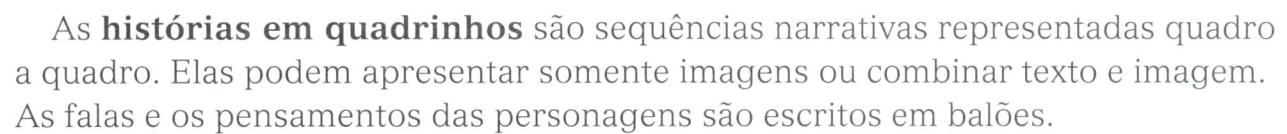

As **histórias em quadrinhos** são sequências narrativas representadas quadro a quadro. Elas podem apresentar somente imagens ou combinar texto e imagem. As falas e os pensamentos das personagens são escritos em balões.

Geralmente, não há **narrador**. Quando ele aparece, sua fala é escrita como **legenda**, em retângulos ou quadrados, e não em balões. A fala do narrador serve para explicar acontecimentos, marcar a passagem do tempo ou dar continuidade à história.

2 Observe os quadrinhos.

a) Circule a fala do narrador e faça um **X** na fala das personagens.

b) De quem são estas falas?

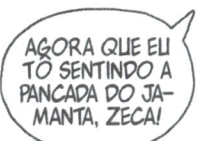

> O QUE FOI, PTIX?

> AGORA QUE ELI TÔ SENTINDO A PANCADA DO JA-MANTA, ZECA!

c) Qual personagem disse "Ai!"?

• Por que esse balão é diferente dos outros?

Para compreender o texto

> **Fique sabendo**
>
> A palavra criada para imitar um som é chamada **onomatopeia**. Veja estes exemplos: *CHUAC* ou *SMACK* imitam o som de beijo; *CABRUUM* imita o som de trovão; *PLAFT!* imita o som de tapa.

3 Copie a onomatopeia deste quadrinho e escreva o som que ela imita.

- Na sua opinião, a onomatopeia, nesse quadrinho, poderia ser excluída?

> **Fique sabendo**
>
> Todos os elementos que compõem o cenário dos quadrinhos ajudam a contar a história. Um desses elementos são os letreiros.
>
> **Letreiros** são as palavras inscritas nos objetos. Podem estar em cartazes, setas indicativas de lugar, bandeirinhas, embalagens de produtos etc.

4 Em qual quadrinho há letreiros? _____
- Para que eles foram usados?

5 Explique por que Ptix não sentiu dor durante o jogo.
- Isso já aconteceu com você? Conte como foi.

Para compreender o texto

6 Leia outro texto do mesmo autor da história em quadrinhos.

Entenda por que o Ptix não sentiu dor nenhuma na hora em que trombou com o Jamanta!

Um dos neurônios torcedores que moram no cérebro do Ptix é o Acumbente dos Prazeres, encarregado de sentir as emoções. As emoções são experiências muito fortes que a gente sente e que têm a força de interferir até com a dor. Por isso é que o Ptix não sentiu dor nenhuma na hora em que trombou com o Jamanta — ela só veio depois do gol. É que ele estava na maior garra para driblar todo mundo e faturar o placar, tanto que driblou até a dor.

Roberto Lent. Professor do Instituto de Ciências Biomédicas da Universidade Federal do Rio de Janeiro (UFRJ).

- Qual dos dois textos ajudou você a entender melhor por que Ptix não sentiu dor durante o jogo? Explique.

_____
_____
_____
_____

De olho na linguagem

Fique sabendo

A palavra usada para expressar emoções, sensações e sentimentos, como admiração, entusiasmo, alegria, medo, dor etc., é chamada **interjeição**. Geralmente, é acompanhada de ponto de exclamação. Veja estes exemplos:
- *UFA!* ou *ARRE!* expressam alívio.
- *AH!* ou *NOSSA!* expressam espanto ou admiração.

7 Copie a interjeição que aparece no quarto quadrinho. _____

a) Que sensação ela expressa?

_____

b) Para reforçar essa sensação, que elementos gráficos o autor usou?

_____
_____

115

Para falar e escrever melhor

Gramática — Adjetivo e locução adjetiva

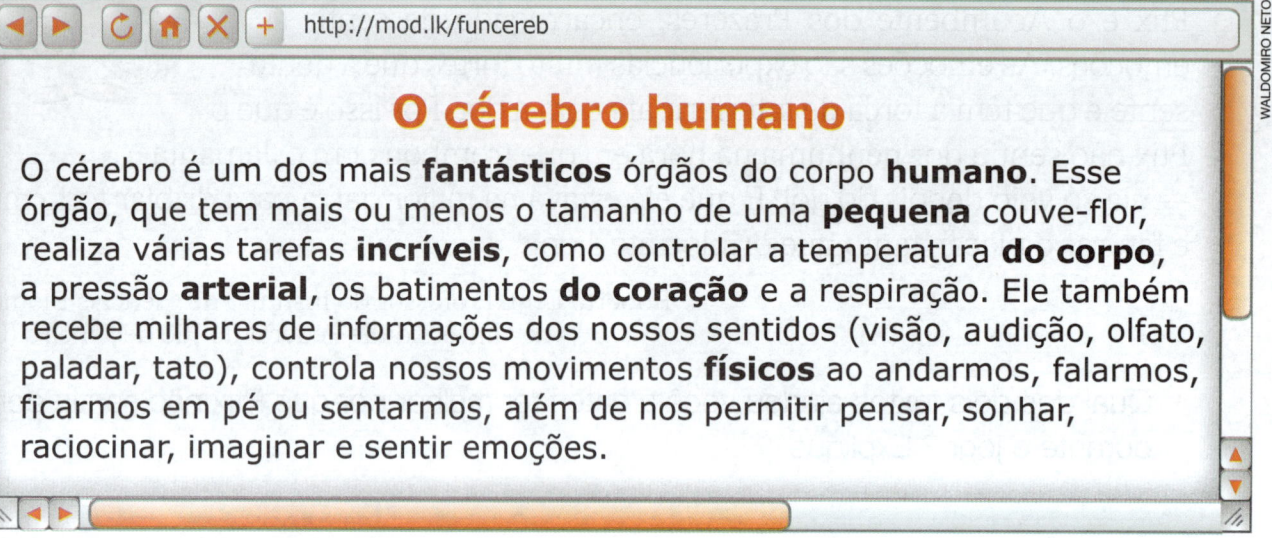

1 Leia.

O cérebro humano

O cérebro é um dos mais **fantásticos** órgãos do corpo **humano**. Esse órgão, que tem mais ou menos o tamanho de uma **pequena** couve-flor, realiza várias tarefas **incríveis**, como controlar a temperatura **do corpo**, a pressão **arterial**, os batimentos **do coração** e a respiração. Ele também recebe milhares de informações dos nossos sentidos (visão, audição, olfato, paladar, tato), controla nossos movimentos **físicos** ao andarmos, falarmos, ficarmos em pé ou sentarmos, além de nos permitir pensar, sonhar, raciocinar, imaginar e sentir emoções.

Texto adaptado de *Como funciona o cérebro,* de Craig Freudenrich. Disponível em: <http://mod.lk/funcereb>. Acesso em: 14 jun. 2018.

a) Você conhecia toda essa capacidade do cérebro humano?

b) No texto, as palavras e expressões destacadas atribuem características aos substantivos que elas acompanham.

- Qual é a classificação gramatical dessas palavras? _____

c) Sublinhe os casos em que é usada apenas uma palavra para atribuir uma característica ao substantivo.

d) Circule os casos em que são usadas duas palavras para atribuir uma característica ao substantivo.

Adjetivo é a palavra que atribui uma característica ao substantivo.
Exemplos: **pequena** couve-flor, movimentos **físicos**.

Locução adjetiva é a expressão, formada por duas ou mais palavras, que tem valor de adjetivo.
Exemplos: *temperatura **do corpo**, batimentos **do coração***.

Algumas locuções adjetivas apresentam adjetivos correspondentes.
Exemplo: *temperatura **do corpo*** ➡ *temperatura **corporal***.
*batimentos **do coração*** ➡ *batimentos **cardíacos***.

Para falar e escrever melhor

2 Escreva três adjetivos para cada ilustração.

_____   _____   _____
_____   _____   _____
_____   _____   _____

3 Observe a ilustração e escreva uma frase sobre o bolo.
- Use adjetivos e locuções adjetivas.

_____
_____

4 Reescreva as frases substituindo as locuções adjetivas pelos adjetivos correspondentes.

a) Os rapazes foram a uma festa **de criança**.

_____
_____

b) Ele os ama com amor **de pai**.

_____
_____

c) O golfinho é um animal **do mar**.

_____
_____

d) Meu irmão estuda no horário **da noite**.

_____
_____

Esquina da poesia

*Quando eu estiver
com o olhar distante,
maninha,
com um jeito esquisito
de quem não está presente,
não se assuste,
ó maninha,
fui logo ali,
no quintal do céu,
colher uma estrela cadente.*

Roseana Murray. Estrela cadente.
Em *Poemas de céu*. São Paulo:
Paulinas, 2009.

117

Para falar e escrever melhor

Ortografia — Terminação OSO/OSA

1 Leia este texto e observe as palavras destacadas.

Palmeira da praia

Palmeira da praia
sacudindo as folhas
com gestos **graciosos**,
nervosa, palmeira,
nervosa, **graciosa**,
escondendo o rosto
com verdes rubores
ao vento que passa.
[...]

Henriqueta Lisboa. *Luz da lua*. São Paulo: Moderna, 2006.

a) O que faz a palmeira parecer nervosa?

b) Como parecem ser seus movimentos?

c) Você gostou da imagem da palmeira criada no poema?

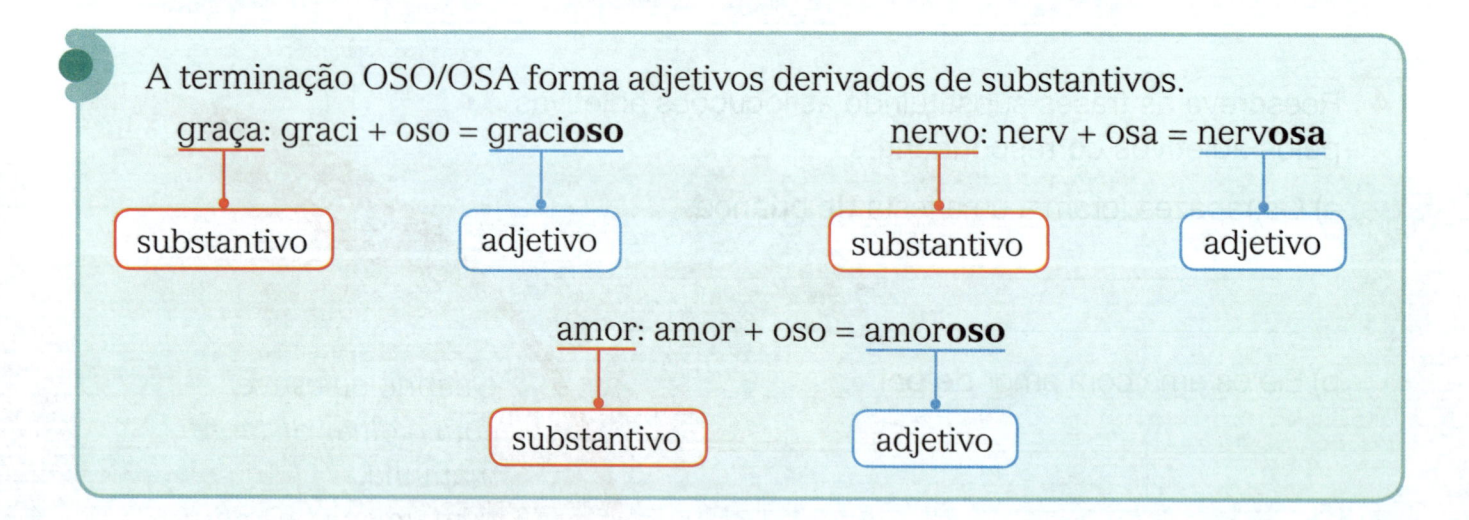

A terminação OSO/OSA forma adjetivos derivados de substantivos.

graça: graci + oso = grac**ioso**

substantivo — adjetivo

nervo: nerv + osa = nerv**osa**

substantivo — adjetivo

amor: amor + oso = amor**oso**

substantivo — adjetivo

---

2 Forme adjetivos com estes substantivos.

a) manha: _____

b) orgulho: _____

c) ânsia: _____

d) horror: _____

e) gosto: _____

f) atenção: _____

g) preguiça: _____

h) fúria: _____

i) prazer: _____

j) espaço: _____

Para falar e escrever melhor

3 Escreva o nome das figuras.

1ª letra ➡ A	5ª letra ➡ B	7ª letra ➡ C
4ª letra ➡ D	1ª letra ➡ E	2ª letra ➡ F

• Copie as letras encontradas e descubra um adjetivo terminado em **oso**.

A	B	C	D	E	F

4 Copie as frases substituindo as palavras em destaque pelos adjetivos correspondentes.

Dica
Fique atento à substituição do verbo em algumas frases.

• Faça as adaptações necessárias.

a) O pianista **tem talento**.

b) O mágico é **cheio de mistérios**.

c) A sala estava **em silêncio**.

d) A enfermeira **tem cuidado** com o paciente.

Para falar e escrever melhor

Oficina das palavras — Atribuindo qualidades

1 Leia algumas qualidades atribuídas aos gatos.

Os gatos são curiosos e brincalhões. Eles são tão ágeis que, embora às vezes caiam de grandes alturas, raramente se machucam, porque sempre caem de pé. Muito limpos, passam horas se lambendo.

Os gatos têm pupilas verticais, que se dilatam muito mais que as pupilas dos homens. É por isso que eles enxergam bem à noite, mesmo que só haja uma luzinha fraca. Suas unhas, longas e afiadas, ficam escondidas dentro de uma espécie de almofadinha que eles têm nas patas.

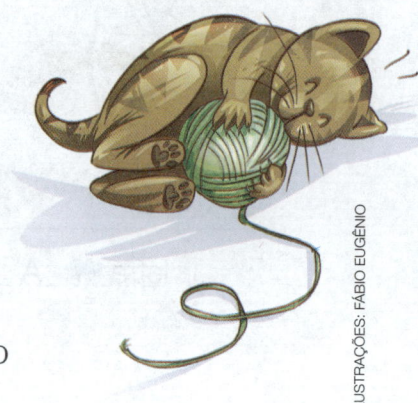

- Sublinhe os adjetivos e circule a locução adjetiva no texto acima.

2 Agora, é a sua vez de escrever sobre as qualidades de alguém ou de alguma coisa. Pode ser uma pessoa querida, um animal, um objeto, um lugar.

- Capriche no uso de adjetivos e de locuções adjetivas.

Para falar e escrever melhor

Comunicação oral — Expondo emoções

Áudio
Quinta sinfonia

1 Leia o texto.

O cérebro tem áreas responsáveis pela audição, visão, fala e coordenação motora. Ele comanda todas as funções do corpo e até mesmo as reações químicas do corpo diante de emoções. Compor ou simplesmente ouvir música, por exemplo, pode ser uma experiência fascinante para o cérebro.

Um dos maiores compositores de todos os tempos foi Ludwig van Beethoven. Com problemas de audição desde muito jovem, ele compôs algumas de suas grandes obras quando estava quase surdo.

Imagine só um músico que não ouve!!! Como não ouvia bem, precisou confiar em sua memória auditiva para compor. Leia esta declaração de Beethoven:

Ludwig van Beethoven (1770-1827), por W. Holl, 1837.

"Era-me impossível dizer às pessoas: 'Fale mais alto, grite, porque sou surdo'. Como podia confessar uma deficiência do sentido que em mim devia ser mais perfeito do que nos outros, um sentido que eu antes possuía na mais alta perfeição?" (Citado em: <http://mod.lk/beethove>. Acesso em: 14 jun. 2018.)

- Que emoções uma música pode provocar em quem a ouve?

2 Formem grupos e ouçam o primeiro movimento da *Quinta Sinfonia* de Beethoven.

- Após a audição, conversem sobre as emoções que sentiram.

3 Façam um desenho que represente as emoções despertadas pela música.

- Depois, apresentem esse desenho para a classe e exponham as emoções que quiseram expressar.

Autoavaliação	👍	👎
Ouvi atentamente a sinfonia de Beethoven?		
Expus as minhas emoções aos colegas do grupo?		
Colaborei com os colegas na elaboração do desenho?		
Dei minha colaboração à exposição?		
Prestei atenção à apresentação dos grupos?		

Você vai ler um **artigo de divulgação científica** que trata de uma sensação muito incômoda: a dor de cabeça. Observe como o texto está organizado.

LER PARA SE INFORMAR

Cérebro "congelado"

Pesquisa monitorou voluntários bebendo água gelada

Um grupo de pesquisadores da Escola de Medicina de Harvard, EUA, realizou um estudo para investigar por que bebidas geladas causam dor de cabeça. O interesse dos cientistas se deve a uma possível relação com uma dor muito mais séria: a enxaqueca.

1. A pesquisa
Treze pessoas tomaram água gelada com um canudo, levando o líquido diretamente ao céu da boca. Quando sentiam dor de cabeça, levantavam a mão e, quando a dor parava, também.

2. Monitoramento
Os cientistas acompanharam a circulação de sangue na cabeça dos voluntários por meio de um exame parecido com um ultrassom no crânio.

3. De onde vem a dor
A água gelada causava um aumento no fluxo de sangue no cérebro por meio da artéria cerebral anterior, que passa na região atrás dos olhos, bem no meio do cérebro. Esse fluxo maior aumentava a largura da artéria e causava a dor.

4. Por que isso acontece
O processo parece ser uma autodefesa do cérebro contra o frio: o fluxo maior de sangue mantém o cérebro quente. Quando a temperatura aumenta de novo, a artéria se contrai e a dor passa.

céu da boca

água gelada

artéria cerebral média

artéria cerebral anterior

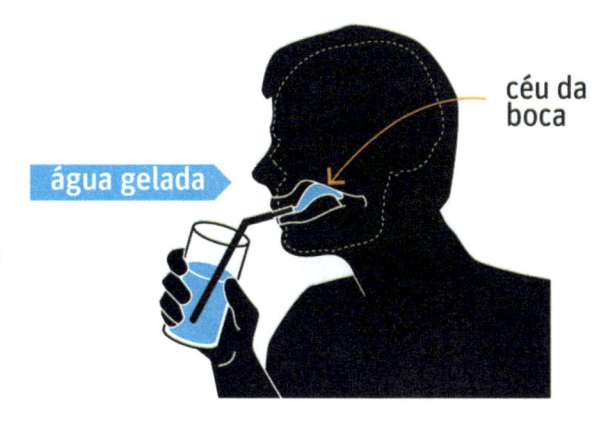

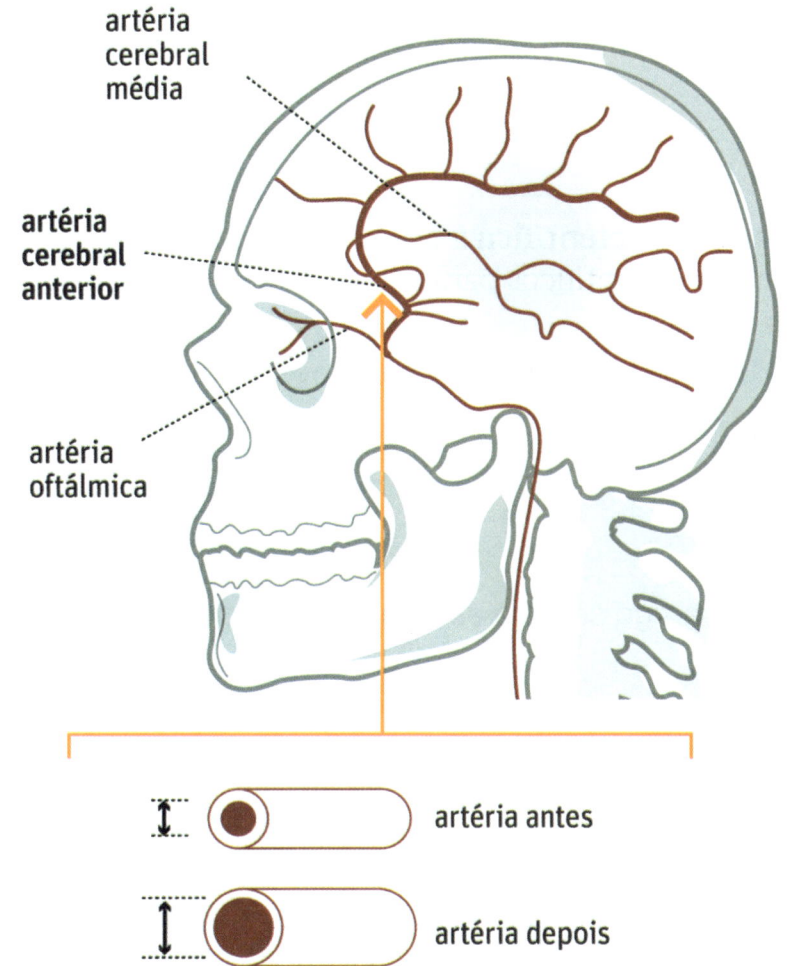

artéria oftálmica

artéria antes

artéria depois

Débora Mismetti. Estudo mostra por que bebidas geladas causam dor de cabeça. *Folha de S.Paulo,* 24 abr. 2012. Disponível em: <http://mod.lk/gelado>. Acesso em: 14 jun. 2018.

Tantas palavras

- Você já ouviu a expressão **céu da boca**?
- Converse com os colegas sobre o significado dela. Depois, procure-a no dicionário e confirme sua explicação.

Como ler o texto

Um pouco de conversa

1 Converse com os colegas.

a) Qual é o título do texto? E o subtítulo?

b) Em que momento o leitor fica sabendo que o texto é o relato de uma pesquisa?

c) Por que a palavra **congelado** aparece entre aspas no título do texto?

Compreensão

> **Fique sabendo**
>
> O **artigo de divulgação científica** é um texto informativo cuja finalidade é transmitir conhecimentos científicos para o público não especializado por meio de linguagem simples e acessível.
>
> O autor do artigo de divulgação científica reescreve, para jornais e revistas comuns, pesquisas, relatórios, artigos científicos etc. escritos por especialistas, para que o público interessado tenha acesso a esse conhecimento.

2 Quem é a autora do artigo sobre o estudo feito por pesquisadores?

3 O que o artigo informa?

4 Para quem o artigo foi escrito: para especialistas ou para o público em geral?

5 Para que servem as ilustrações?

6 Embora a linguagem usada seja simples, é comum a presença de termos científicos.
- Copie do texto palavras ou expressões próprias da linguagem científica.

Como ler o texto

> **Fique sabendo**
>
> Um artigo de divulgação científica apresenta geralmente a seguinte estrutura:
> - **introdução** – apresentação do fenômeno a ser verificado;
> - **experimento** – procedimentos usados na pesquisa;
> - **resultado** – consequências do experimento;
> - **conclusão** – afirmação final do que foi observado.

7 No artigo da página 122, numere os parágrafos de acordo com as partes que o compõem.

1 – introdução   2 – experimento   3 – resultado   4 – conclusão

8 Complete o esquema, de acordo com as orientações do professor.

Introdução — Investigar _____
_____.

[   ] — Os cientistas monitoraram treze voluntários bebendo _____
_____
_____
_____

[   ] — _____
_____
_____
_____
_____

[   ] — _____
_____
_____
_____

Para falar e escrever melhor

Gramática — **Graus do adjetivo: comparativo e superlativo**

1 Complete as frases com os adjetivos indicados.

saborosa   simpático   feroz

a) A **maçã** está mais _____ do que a **pera**.

b) O **lobo** é menos _____ que a **onça**.

c) **Carlos** é tão _____ quanto **Rafael**.

2 Leia: *Renata crescia feliz. Ela crescia muito feliz.*

- Em qual frase Renata parece mais feliz? Como você percebeu isso?

O adjetivo é usado no **grau comparativo** quando compara características entre dois ou mais seres.

Há três tipos de grau comparativo:

- **de igualdade**: *Júlio está tão animado quanto Pedro;*
- **de inferioridade**: *Júlio está menos animado (do) que Pedro;*
- **de superioridade**: *Júlio está mais animado (do) que Pedro.*

O adjetivo é usado no **grau superlativo** para intensificar uma característica de um ser em relação a ele mesmo ou a um grupo de seres. Exemplos:

Rita era muito feliz. Rita era felicíssima. Rita era a mais feliz de todas as crianças.

Alguns adjetivos têm formas especiais. Observe:

Adjetivo	Grau comparativo	Grau superlativo
bom	melhor	ótimo
mau	pior	péssimo
grande	maior	máximo
pequeno	menor	mínimo

Graus do adjetivo
Comparativo
Superlativo

Para falar e escrever melhor

Audiovisual
Grau superlativo

3 Complete as comparações de acordo com as imagens.

ipê — primavera — Bubi — Fifi

a) _____ está tão florido quanto _____.

b) _____ é menor e mais bravo que _____.

4 Complete as frases usando o adjetivo no grau comparativo indicado.

a) Meu cão é _____ sapeca _____ meu gato. (igualdade)

b) Os ônibus são _____ velozes _____ os aviões. (inferioridade)

c) A primavera é _____ agradável _____ o verão. (superioridade)

5 Complete as frases com o grau superlativo dos adjetivos indicados usando a palavra **muito** ou a terminação **íssimo(a)**.

| aplicado | contente |

a) Eu estou _____ porque meu time foi campeão.

b) A professora sempre diz que eu sou _____.

6 Copie as frases e complete-as com o superlativo dos adjetivos entre parênteses.

a) A lotação do estádio atingiu a capacidade _____. (grande)

b) O goleiro de nosso time é _____. (ruim)

c) O nosso passeio de domingo foi _____. (bom)

d) A perda da colheita de soja foi _____. (pequena)

Para falar e escrever melhor

Ortografia — A e AI, E e EI, O e OU

1 Complete o nome das figuras com **a** ou **ai**, **e** ou **ei**, **o** ou **ou**.

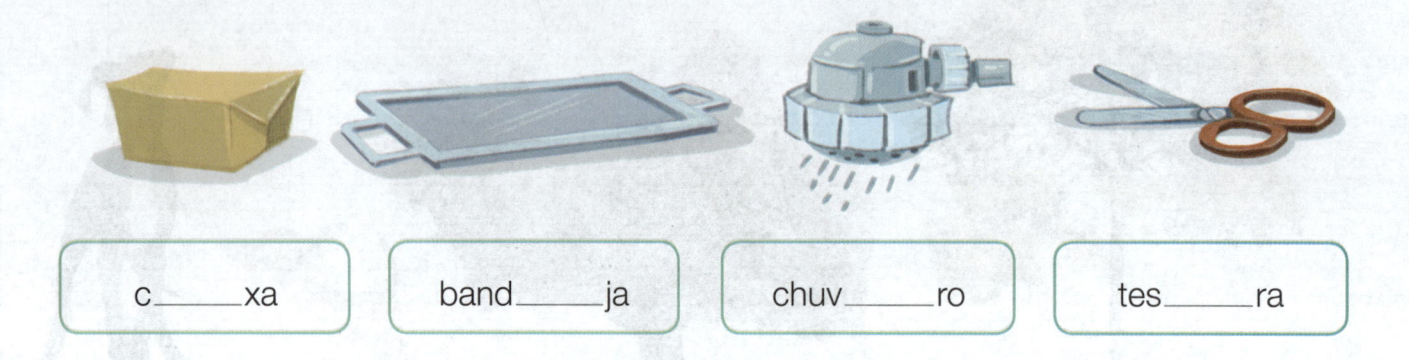

c____xa   band____ja   chuv____ro   tes____ra

2 Leia esta tirinha.

CEBOLINHA   Mauricio de Sousa

a) Explique a fala da mãe do Cebolinha.

b) Leia em voz alta as palavras sublinhadas no texto e copie-as no lugar certo.

a [____]   ei [____]   ai [____]

> Fique atento à pronúncia e à escrita das palavras com A, AI, E, EI, O e OU.
>
> Não tire nem acrescente vogais.
>
> Exemplos:
> - rap**a**z, carangu**e**jo, profess**o**ra
> - f**ai**xa, col**ei**ra, cabel**ei**r**ei**ra
> - vass**ou**ra, cen**ou**ra

128

Para falar e escrever melhor

3 Complete com **a** ou **ai**.

a) b____xa   c) t____xa   e) f____z   g) c____xote

b) emb____xo   d) efic____z   f) ap____xonado   h) cap____z

4 Complete com **e** ou **ei**.

a) qu____xo   c) po____ra   e) cer____ja   g) laranj____ra

b) fest____jar   d) d____xar   f) brasil____ro   h) col____ra

5 Descubra no diagrama as palavras com **o** e **ou** que completam as frases abaixo.

```
S L V D O U R A D O T
D O U T O R A M N P O
Q U S H F Z O R R Z U
A Ç O U G U E T O B R
T A V D W O B H X C O
Q T O U R E I R O A Z
```

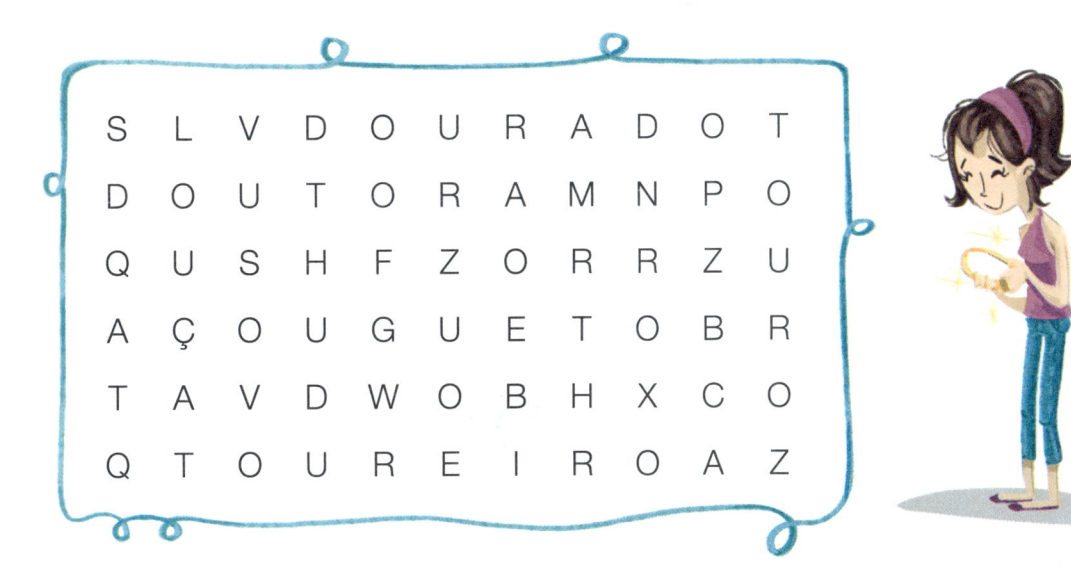

a) Todo mundo compra carne nesse _____.

b) A _____ examinou muito bem o doente.

c) Ajudo papai a lavar a _____ todos os dias.

d) O _____ atacou o _____.

e) Prendi meu dedo na porta e ele ficou _____.

f) Ganhei um colar _____.

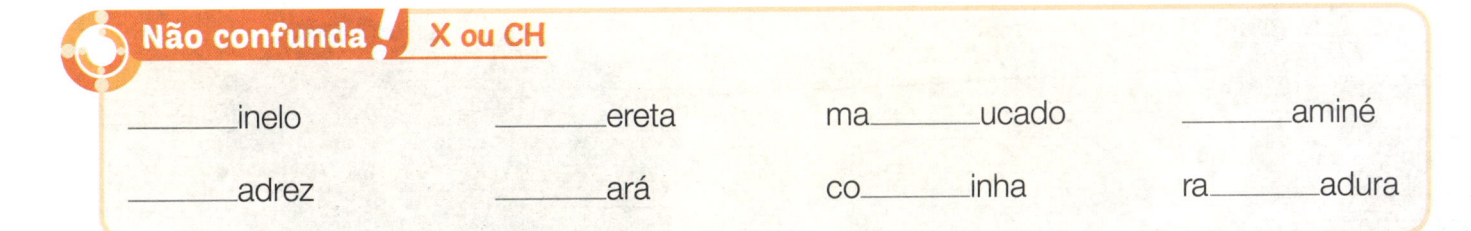

Não confunda! **X ou CH**

____inelo   ____ereta   ma____ucado   ____aminé

____adrez   ____ará   co____inha   ra____adura

Para falar e escrever melhor

Memória visual

Quais são as palavras?

Na lousa, há um diagrama com palavras embaralhadas. Junte as letras de mesma cor e forme:

- duas palavras com a terminação **oso**:
  _____
- duas palavras com a terminação **osa**:
  _____
- três palavras com **a** ou **ai**:
  _____
- três palavras com **e** ou **ei**:
  _____
- três palavras com **o** ou **ou**:
  _____

Para falar e escrever melhor

O	S	J	O	S	A	B	A	T	V	I	P
E	G	I	T	T	N	X	R	O	E	C	A
T	O	O	A	S	Á	R	Z	U	S	R	H
O	S	X	E	O	Z	R	P	O	U	E	I
A	J	C	P	E	U	A	D	S	O	P	Ç
E	I	A	I	N	C	E	T	R	O	E	O
A	G	D	Ú	T	E	S	A	N	E	S	G
T	M	U	B	N	D	A	P	A	I	A	S

COMUNICAÇÃO ESCRITA

Hora de produzir um texto! Vá para a página 32 do **Caderno do Escritor.**

UNIDADE 6
Eu me informo

O que eu vejo

Observe a imagem e converse com os colegas.

- O que as crianças estão fazendo?
- Elas parecem concentradas ou distraídas?
- Em sua opinião, a cena acontece nos dias de hoje ou em outra época? Por quê?

O que eu sei

Agora, fale de você.

- Você costuma se informar?
- Quais meios de informação você usa?
- Que assuntos são do seu interesse?

TEXTO 1

Observe atentamente a **primeira página** do jornal *O Globo*, na edição de 9 de agosto de 2016.

LER PARA SE INFORMAR

O GLOBO

TERÇA-FEIRA, 9 DE AGOSTO DE 2016 · ANO XCII · Nº 30.318

Irineu Marinho (1876-1925) — (1904-2003) Roberto Marinho

RIO DE JANEIRO · oglobo.com.br

RIO 2016

Ouro que vem da Cidade de Deus

Rafaela Silva derrota judoca da Mongólia e ganha, a 8km de sua casa, a primeira medalha dourada no Brasil

O judô desencantou no terceiro dia de competições na Arena Carioca 1 e premiou uma lutadora em todos os sentidos. A carioca Rafaela Silva, de 24 anos, criada na Cidade de Deus e treinada no Instituto Reação, em Jacarepaguá, chegou à final da categoria até 57kg e venceu Sumiya Dorjsuren, da Mongólia, por wazari, denominação para o golpe quase perfeito na modalidade. Foi a primeira medalha de ouro do Brasil na Olimpíada do Rio. Considerada por especialistas a mais talentosa judoca nacional, Rafaela superou o trauma de Londres-2012, de onde saiu sem lugar no pódio, e lembrou a origem e os riscos da adolescência em meio à violência, que o judô a ajudou a evitar. Hoje, Victor Penalber e Mariana Silva sobem ao tatame.

FLÁVIO CANTO
Rafaela prova como o esporte pode transformar uma vida.

Uma torcida insuperável
Do vôlei de praia às cadeiras do tênis de mesa, torcida brasileira mostra paixão e encanta jogadores estrangeiros, mesmo com muito barulho nas arenas.

Lutadora. Rafaela Silva sorri com a medalha de ouro conquistada na Arena Carioca 1. No Instituto Reação, em Jacarepaguá, a campanha foi motivo de festa pela aluna mais talentosa

Dupla do Brasil elimina Djokovic
Os tenistas mineiros Marcelo Melo e Bruno Soares eliminaram o sérvio Novak Djokovic do torneio olímpico de duplas. Anteontem, ele tinha sido derrotado no individual. Com isso, o número 1 do mundo só continuará na Olimpíada se participar das duplas mistas, o que ainda não está certo. Os brasileiros levaram a melhor por 2 sets a 0, parciais de 6/4 e 6/4, após 73 minutos de partida. CADERNO ESPECIAL

Sai Neymar, entra Marta
Depois de a torcida gritar "Marta, Marta" diante do vexame do time de Neymar contra o Iraque, torcedores também trocaram de camisa.

PROGRAME-SE: DIA DE NATAÇÃO E DO FUTEBOL FEMININO. VEJA NA AGENDA

MÍRIAM LEITÃO
Viagem ao Centro do Rio mostra novas belezas. PÁGINA 16

GENTE BOA
Flávia Saraiva, o novo xodó que voltará a competir hoje.

TIME DE OURO
DAIANE DOS SANTOS
Os ginastas não trouxeram medalha, mas fizeram história.

CRÔNICAS DO DIA
NELSON MOTTA
Graças à Olimpíada, sai a política e entra o esporte.

ZÉLIA DUNCAN
Fico revoltada de ver Neymar desestimulado e sem alegria.

Processo contra Cunha avança na Câmara
O processo de cassação do deputado Eduardo Cunha (PMDB) foi lido ontem na Câmara. A data da votação em plenário será decidida até amanhã. PÁGINA 3

Governo pretende exigir seguro para obras públicas

Mudança na Lei de Licitações prevê apólice para garantir entrega de projetos

EXCLUSIVO A proposta para alterar a Lei de Licitações que está sendo negociada pelo governo com o Congresso prevê a exigência de as obras públicas terem um seguro para garantir a entrega dos projetos. A seguradora ficaria responsável por fiscalizar o cumprimento dos contratos e assumir os compromissos caso a obra pare, informa DANILO FARIELLO. O governo quer ainda unificar em uma só norma o Regime Diferenciado de Contratações, que acelera os processos e já é utilizado em algumas obras, e as práticas hoje exclusivas da Petrobras. O projeto deve ir a votação no Senado na semana que vem. PÁGINA 15

PF intima dona Marisa e Lulinha para depor
A PF em Curitiba intimou a mulher do ex-presidente Lula, Marisa Letícia, e o filho mais velho, Fábio Luís, para depor sobre o sítio de Atibaia. PÁGINA 5

PT ainda tenta adiar derrota
O relatório pelo impeachment de Dilma deve ser aprovado hoje no plenário do Senado, mas o PT ainda tenta adiar. PÁGINA 4

Pressionado, Meirelles recua
Após críticas do mercado, governo volta atrás e incluirá estados no projeto que prevê teto para despesas públicas. PÁGINA 15

SOCIEDADE
DE OUTRO PLANETA Game mais esperado do ano, "No man's sky" chega hoje ao mercado. PÁGINA 21

SEGUNDO CADERNO
POESIA MELÓDICA Antonio Cicero ganha disco-tributo de Arthur Nogueira.

2ª Edição · Preço deste exemplar no Estado do Rio de Janeiro · R$ 4,00 · Circula com esta edição Segundo Caderno

O Globo. Rio de Janeiro: 9 ago. 2016. Primeira página.

Para compreender o texto

Um pouco de conversa

1 Converse com os colegas.

a) Que título de notícia dessa primeira página mais chamou sua atenção? Por quê?

b) O que você vê na primeira página além dos textos?

c) Qual parece ser o assunto mais importante do dia?

d) Você ficou curioso para ler alguma das notícias?

Compreensão

Fique sabendo

O jornal escrito é uma publicação, em geral, diária, que divulga os acontecimentos do Brasil e do mundo.

A **primeira página** ou **capa** apresenta as principais **matérias** publicadas no jornal do dia. O modo como texto e imagem são organizados na página, o tamanho e o tipo das letras, tudo é pensado para atrair a atenção do leitor.

Veja alguns elementos que compõem a primeira página:

Cabeçalho
- nome do jornal;
- local, data e número da publicação;
- preço do exemplar (pode figurar no rodapé).

Apresentação das matérias do dia
- manchete, isto é, o título da principal notícia do dia;
- títulos de outras notícias;
- resumo das notícias destacadas (**chamada**);
- fotos, ilustrações e charges.

O texto jornalístico também é chamado de **matéria**.

Charge: desenho humorístico com crítica sobre um fato atual.

Para compreender o texto

2 Observe novamente a primeira página desse jornal e responda.

a) Qual é o nome do jornal? _____

b) Qual é o local, a data, o número e o preço da publicação?
_____
_____
_____
_____

c) Qual é a principal notícia do dia?
_____
_____

d) Como você descobriu isso?
_____
_____
_____

Fique sabendo

A **manchete** da primeira página destaca uma notícia importante naquele momento e é escrita em letras grandes.

As **fotos**, **ilustrações** ou **charges** que a acompanham devem atrair a atenção do leitor para que ele seja estimulado a comprar o jornal e ler a notícia completa.

3 Observe a charge. Ela representa a judoca Rafaela disputando corrida com o jogador de futebol Neymar. Os dois carregam a tocha olímpica.

a) No início dos Jogos Olímpicos de 2016, enquanto o judô ganhava o ouro, o futebol, que era favorito, ia mal. Como isso é mostrado na charge?

b) Quem é o autor da charge?

c) O que você achou dela?

Para compreender o texto

4 Agora, observe a foto que acompanha a manchete e leia a legenda.

Lutadora. Rafaela Silva sorri com a medalha de ouro conquistada na Arena Carioca 1. No Instituto Reação, em Jacarepaguá, a campanha foi motivo de festa pela aluna mais talentosa.

- Na sua opinião, a foto e a legenda estimulam as pessoas a ler a matéria completa? Explique.

De olho na linguagem

5 Releia um trecho da legenda.

No Instituto Reação, em Jacarepaguá, a **campanha** foi motivo de festa pela aluna mais **talentosa**.

a) Procure no dicionário o significado da palavra **campanha** nesse trecho.

b) Escreva uma frase usando a palavra **campanha** com o mesmo significado.

c) O que significa **talentosa**?

d) Vendo a foto e lendo apenas a legenda, o leitor consegue saber em que esporte Rafaela é talentosa? Explique.

LER PARA SE INFORMAR

6 Você se interessa por notícias de esportes?

7 Como as notícias de esportes chegam até você?

Multimídia
Chegada do homem à Lua

Para falar e escrever melhor

Gramática — Pessoas gramaticais e pronome pessoal

1 Leia esta tirinha e responda às perguntas.

MAGALI — Mauricio de Sousa

(Quadro 1) — AH, DOUTOR! A MINHA FILHA MAGALI TEM UM APETITE INSACIÁVEL! / O QUE FAÇO?

(Quadro 2) — PEDE PRA ELA SOLTAR O MEU LANCHE!

a) Quem inicia o diálogo?

b) A quem ela se dirige?

c) A quem o médico se dirige?

d) O que ele fala?

e) A palavra **ela** refere-se a quem?

2 A palavra **ela** é um pronome. O que você acha que significa **pronome**?

Para que exista uma situação de comunicação, são necessárias as **pessoas gramaticais** ou **pessoas do discurso**.

- **1ª pessoa**: é a pessoa que fala.
- **2ª pessoa**: é a pessoa com quem se fala.
- **3ª pessoa**: é a pessoa de quem se fala.

As palavras que se referem às pessoas gramaticais são chamadas **pronomes pessoais**. Veja o quadro.

Pessoas gramaticais	Pronomes pessoais	
	Singular	Plural
1ª pessoa	eu, me, mim, comigo	nós, nos, conosco
2ª pessoa	tu, te, ti, contigo	vós, vos, convosco
3ª pessoa	ele, ela, se, si, consigo, o, a, lhe	eles, elas, se, si, consigo, os, as, lhes

Para falar e escrever melhor

3 Relacione as palavras destacadas nas frases às pessoas gramaticais.

1ª pessoa

2ª pessoa

3ª pessoa

As crianças arrumaram a sala de aula.

Eu vou almoçar no clube.

A borboleta já foi uma lagarta.

Tu já assististe ao filme?

4 Copie as frases substituindo as palavras destacadas pelos pronomes **lhe** ou **lhes**. Veja o exemplo.

> Dei **a Maria** meu brinquedo. ➡ Dei-**lhe** meu brinquedo.

a) Pedi **ao joalheiro** um brinco. ➡ _____

b) Escrevi **aos meus tios** uma carta. ➡ _____

c) Mandei **aos colegas** um convite. ➡ _____

5 Reescreva as frases substituindo as palavras destacadas pelos pronomes **ela**, **ele**, **nós**, **o**, **os**, **a** ou **as**. Veja o exemplo.

> **Os alunos** acompanharam **a professora**.
> **Eles a** acompanharam.

a) **Luísa** ganhou **o prêmio**.
_____

b) **Henrique** calçou **os tênis**.
_____

c) **Ana e eu** sujamos **as meias**.
_____

d) **João** comprou **a revista**.
_____

ESQUINA DA POESIA

Eu me chamo eu.
A turma me chama nós.
Longe da turma
me sinto só,
mas sou eu.
Com a turma sou nós,
mas quero ser eu.
De nós em nós, e
eu sou mais eu.

Ulisses Tavares. Esse nó(s).
Em: *Viva a poesia viva.* 9. ed.
São Paulo: Saraiva, 2009.

139

Para falar e escrever melhor

Ortografia — G e J

1 Leia a sugestão de passeio de um guia de Belém.

O **Museu Paraense Emílio Goeldi** conserva um importante patrimônio histórico e científico da Amazônia, contribuindo para a formação cultural e a identidade da região. Através de uma exposição diversificada da vegetação, composta desde gigantescas árvores frondosas até ervas diversas, forma um sub-bosque. [...] As exposições trazem materiais relacionados à Amazônia, fotos, documentos e objetos.

[...] Não é preciso agendar visitas [...].

Disponível em: <http://mod.lk/goeldi>. Acesso em: 29 jun. 2018.

a) De acordo com o texto, o que o visitante pode ver no Museu Emílio Goeldi?

b) Sublinhe no texto as palavras que têm a letra **g**.

c) Em quais palavras a letra **g** tem o som J?

d) Em quais palavras a letra **g** não tem o som J?

e) Que palavra tem a letra **j**?

2 Leia estas palavras em voz alta. Preste atenção ao som da letra **g**.

| gesso | garfo | girafa | canguru | gole | girassol |
| gente | giz | gago | golpe | agulha | gelo |

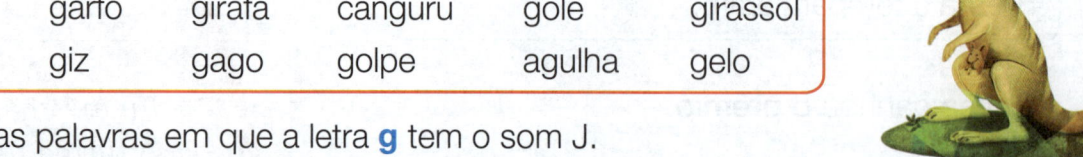

a) Copie as palavras em que a letra **g** tem o som J.

b) Copie as palavras em que a letra **g** não tem o som J.

c) Que vogais aparecem depois da letra **g** quando ela tem o som J?

d) Que vogais aparecem depois da letra **g** quando ela não tem o som J?

> A letra G tem o som J quando está antes das vogais E e I.

Para falar e escrever melhor

3 Complete estas palavras com **g** ou **j**.

a) ____eração
b) fri____ideira
c) ____eito
d) má____ico
e) ____incana
f) in____eção
g) no____ento
h) la____e
i) ____inástica
j) ____eleia
k) cora____em
l) re____ião

- Escolha duas palavras e crie frases com elas.
  _____
  _____

4 Forme palavras com as sílabas do quadro acrescentando **ge**, **gi**, **je** ou **ji**.

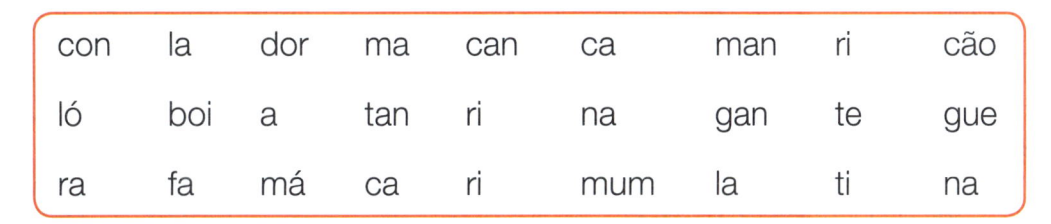

con	la	dor	ma	can	ca	man	ri	cão
ló	boi	a	tan	ri	na	gan	te	gue
ra	fa	má	ca	ri	mum	la	ti	na

_____
_____
_____

5 Forme palavras terminadas em **eira** para completar as frases. Use as palavras indicadas entre parênteses, observando o uso de **g** ou **j**.

a) Preciso limpar a _____ do quintal. (sujo)

b) A _____ faz seu ninho embaixo de pedras ou em buracos. (caranguejo)

c) A florada das _____ marca a chegada da primavera no Japão. (cereja)

Não confunda! C ou QU

mole____e	bar____o	____o____ada
____o____eiro	mos____ito	____ente
bar____inho	mole____ada	mos____a

Para falar e escrever melhor

Oficina das palavras — Usando pronomes pessoais

1 Leia este texto sobre o pica-pau-de-topete-vermelho. Observe como os pronomes pessoais foram usados.

Nas aves, a forma do bico varia muito em função do seu hábito alimentar, ou seja, depende do que elas comem.

O **pica-pau-de-topete-vermelho** está sempre bicando troncos de árvores à procura de larvas de insetos. Além de um bico forte, ele possui uma língua excepcionalmente longa para capturar as larvas que ficam escondidas dentro do tronco.

Disponível em: <http://mod.lk/pica-pau>. Acesso em: 2 jul. 2018. Texto adaptado.

- Localize os pronomes **elas** e **ele** no texto. Quais palavras esses pronomes substituem?

_____

2 Agora, escreva um texto sobre este animal.

- Lembre-se de usar pronomes pessoais.

Qual é o nome desse interessante animal?
Baiacu-de-espinho.

Como se defende do inimigo?
Bebendo muita água.

O que acontece com seu corpo?
Aumenta duas a três vezes de tamanho e os espinhos ficam de pé.

Como fica a sua aparência?
Assustadora.

Para falar e escrever melhor

Comunicação oral — Apresentando uma notícia

1 Leia esta notícia curiosa.

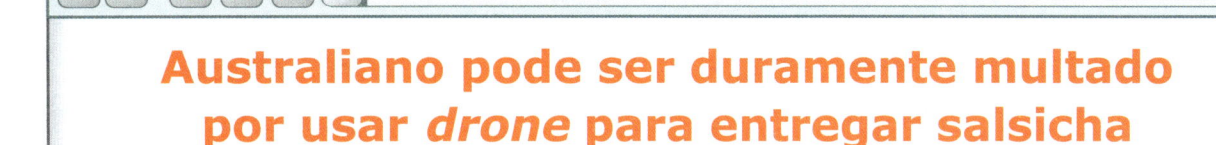

Australiano pode ser duramente multado por usar *drone* para entregar salsicha

O que era para ser apenas um vídeo engraçadinho de um *drone* entregando um pão com salsicha para um sujeito em uma banheira pode se transformar em uma cara dor de cabeça para o autor das imagens. Isso porque a agência australiana que regula a aviação civil (CASA, na sigla em inglês) afirma que o voo desrespeitou diversas regras.

O órgão chegou a fazer um comentário no vídeo original postado no YouTube dizendo que estava investigando o caso e que a multa a ser paga pode chegar a cerca de R$ 22 mil. [...]

Disponível em: <http://mod.lk/drone>. Acesso em: 29 jun. 2018.

- Como você apresentaria essa notícia num jornal falado?

> Organize seus pensamentos antes de falar!

2 Com um colega, organize um jornal falado para divulgar uma notícia sobre um assunto do interesse de vocês.

- Pesquisem em revistas, jornais, na internet, no rádio e na televisão.
- Escrevam o texto da notícia para servir de apoio na hora da apresentação.
- Ensaiem a apresentação da notícia.
- Lembrem-se de anunciar o título como uma manchete.

3 Apresentem a notícia para os colegas.

Autoavaliação	👍	👎
Escolhi uma notícia interessante em minha pesquisa?		
Empenhei-me na produção do texto de apoio e no ensaio?		
Apresentei as informações necessárias para a compreensão da notícia?		

TEXTO 2

Você vai ler a **notícia** que acompanha a manchete da primeira página do jornal estudada no Texto 1.

LER PARA SE INFORMAR

Ouro que vem da Cidade de Deus

Rafaela Silva derrota judoca da Mongólia e ganha, a 8 quilômetros de sua casa, a primeira medalha dourada no Brasil

O judô desencantou no terceiro dia de competições na Arena Carioca 1 e premiou uma lutadora em todos os sentidos. A carioca Rafaela Silva, de 24 anos, criada na Cidade de Deus e treinada no Instituto Reação, em Jacarepaguá, chegou à final da categoria até 57 quilos e venceu Sumiya Dorjsuren, da Mongólia, por *wazari*, denominação para o golpe quase perfeito na modalidade. Foi a primeira medalha de ouro do Brasil na Olimpíada do Rio. Considerada por especialistas a mais talentosa judoca nacional, Rafaela superou o trauma de Londres-2012, de onde saiu sem lugar no pódio, e lembrou a origem e os riscos da adolescência em meio à violência, que o judô a ajudou a evitar. Hoje, Victor Penalber e Mariana Silva sobem ao tatame.

O Globo. Rio de Janeiro: 9 ago. 2016. Primeira página.

Tantas palavras

Releia o início do texto, em que aparece a palavra **desencantou**.

- Qual é o significado de **desencantou** no texto?
- Consulte no dicionário o significado de **desencantar**.
- Crie uma frase usando a palavra com um significado diferente do que ela tem no texto.

Para compreender o texto

Um pouco de conversa

1 Converse com os colegas.

a) Que acontecimento é relatado na notícia?

b) Onde e quando aconteceu o fato noticiado?

c) Como aconteceu e por quê?

d) Por que esse é um acontecimento para ser publicado em jornal?

Compreensão

> **Fique sabendo**
>
> A **notícia** é um texto jornalístico que relata um fato atual de interesse público.
>
> A notícia é composta de:
> - título;
> - subtítulo (linha fina): texto em destaque logo abaixo do título, que traz mais detalhes sobre o assunto;
> - lide: são as linhas iniciais, em que se informa **o que** aconteceu, **quando**, **onde**, **como**, **por quê**;
> - desenvolvimento.
>
> Em geral, a notícia é acompanhada de **foto**, que ilustra o texto ou acrescenta informações a ele. Junto da foto, há uma **legenda** que a explica.

2 Releia o título da notícia da página anterior.

- É possível saber o assunto da notícia só com a leitura do título?

_____

3 Releia o subtítulo da notícia.

- Que informações do subtítulo não estão no título?

_____

_____

Para compreender o texto

4 Por que o título informa que o ouro veio da Cidade de Deus?
_____

5 Leia o início da notícia e complete as informações.

O quê? ➡ _____

Quem? ➡ _____

Quando? ➡ _____

Onde? ➡ _____

Como? ➡ _____

6 A expressão "a primeira medalha de ouro do Brasil" refere-se a todas as edições dos jogos ou só à de 2016?
_____

7 Releia esta frase do texto: "O judô [...] premiou uma lutadora em todos os sentidos". Por que Rafaela é uma lutadora em todos os sentidos?
_____
_____
_____

De olho na linguagem

8 Leia um depoimento do treinador de Rafaela dado ao mesmo jornal.

> — Eu sabia que ela tinha muito futuro no esporte. Só precisava lapidar. Mas a coisa mais importante era lapidar a pessoa para o esporte e para a vida — diz, para em seguida relembrar a infância da campeã na realidade bruta da Cidade de Deus. — Ela tinha uma agressividade [...], "a bola é minha, ninguém chuta", "a pipa é minha" [...]. Essa agressividade eu vi desde o início que era muito importante se fosse canalizada para o judô.

Para compreender o texto

a) Assinale o significado que a palavra **lapidar** tem no texto.

☐ Polir pedras preciosas.   ☐ Aperfeiçoar, aprimorar, dar educação.

b) O treinador diz que era necessário lapidar Rafaela para o esporte e para a vida. Qual é a diferença entre lapidar para o esporte e lapidar para a vida?

_____
_____
_____
_____

9 Observe a foto que acompanha o depoimento do treinador e leia a legenda.

Parceria de sucesso. Rafaela Silva e o professor Geraldo Bernardes: agressividade da menina foi levada ao judô.

- Na legenda, a palavra **menina** se refere à Rafaela da foto ou à Rafaela do passado?

_____
_____

10 De acordo com a notícia, na Olimpíada de 2012, Rafaela saiu "sem lugar no pódio".

- O que quer dizer a expressão entre aspas?

_____

Educação em valores — Convivência e respeito

Em entrevista para o jornal, Rafaela Silva declarou: "Eu não sei o que seria da minha vida se eu não conhecesse o esporte".

- A prática de esportes pode incentivar o convívio respeitoso entre as pessoas?
- De que modo?

Para falar e escrever melhor

Gramática — Pronome de tratamento

1 Leia.

ARMANDINHO Alexandre Beck

— COMO FOI A AULA, FILHO?
— EXCELENTE, VOSSA EXCELÊNCIA!

— NA VERDADE, FOI MAGNÍFICA, VOSSA MAGNIFICÊNCIA!
— E QUAL O ASSUNTO?

— IMAGINE, VOSSA MAJESTADE!

a) No primeiro quadrinho, Armandinho trata o interlocutor por "Vossa Excelência". Você já ouviu alguém ser tratado por "Vossa Excelência"?

b) "Vossa Magnificência" é uma forma usada para se referir a um reitor de universidade. Com quem Armandinho está falando?

c) A quem se costuma tratar de "Vossa Majestade"?

d) Por que Armandinho usou essas formas para falar com seu interlocutor?

Pronome de tratamento é uma forma usada no trato com as pessoas, demonstrando familiaridade ou reverência à pessoa a quem nos dirigimos. Os principais pronomes de tratamento são:

Você (v.)	Para familiares e amigos.
Senhor (sr.) e *senhora* (sra.)	Para pessoas, de modo geral.
Vossa Senhoria (V. Sa.)	Em correspondências formais.
Vossa Excelência (V. Exa.)	Para altas autoridades.
Vossa Eminência (V. Ema.)	Para cardeais.
Vossa Santidade (V. S.)	Para o papa.
Vossa Majestade (V. M.)	Para reis e rainhas.
Vossa Alteza (V. A.)	Para príncipes e duques.

Para falar e escrever melhor

2 Complete as frases com o pronome de tratamento adequado a cada situação.

a) O secretário de uma médica falando a um paciente:

— _____, a doutora vai atendê-lo em um minuto!

b) Um jornalista entrevistando o papa:

— _____ gostou da visita ao Brasil?

c) O ministro falando da rainha da Inglaterra:

— _____ doará uma pintura ao museu.

d) Numa carta formal a um cliente de uma loja:

_____ foi premiado com uma escultura.

e) Um deputado falando com outro na Câmara:

— _____ não está levando em conta o que foi votado.

f) Um padre falando a um cardeal:

— Para quando está agendada a viagem de _____?

> **Vá com calma!**
> Pense bem antes de completar as frases.

3 Escreva as frases substituindo as abreviaturas pelos pronomes de tratamento que elas representam.

- Depois, escreva ao lado da frase a quem se refere o pronome.

a) — V. Exa. deve dirigir-se ao plenário.

_____
_____

b) — Gostei muito de conhecer V. S.

_____
_____

c) — É sua vez de ser atendido, sr. Orlando.

_____
_____

4 Responda.

a) Quais pronomes de tratamento você costuma usar?

b) Com que pessoas?

Audiovisual
Pronomes pessoais e de tratamento

Para falar e escrever melhor

Ortografia — C e Ç

1 Releia este trecho da notícia "Ouro que vem da Cidade de Deus".

O judô desencantou no terceiro dia de competições na Arena Carioca 1 e premiou uma lutadora em todos os sentidos. A carioca Rafaela Silva, de 24 anos, [...] treinada no Instituto Reação, em Jacarepaguá, [...] venceu Sumiya Dorjsuren, da Mongólia.

a) Copie as palavras do texto escritas com **c** e **ç**.

_____
_____

b) Leia essas palavras em voz alta e preste atenção ao som das letras **c** e **ç**.

- O que você percebeu em relação ao som dessas letras?

2 Leia estas palavras em voz alta.

laço	cachorro	cebola	trança
acerola	centro	barco	açúcar
cubo	cidade	cinema	lance

a) Copie as palavras que têm **c** com o som K:
_____

b) Copie as palavras que têm **c** com o som S:
_____

c) Quais são escritas com **ç**?
_____

3 Releia as palavras da atividade 2. Observe as vogais que vêm depois de **c** e **ç**.

a) Que vogais aparecem depois da letra **c** quando ela tem o som S?
_____

b) Que vogais aparecem depois da letra **c** quando ela tem o som K?
_____

c) Que vogais aparecem depois de **ç**?
_____

Para falar e escrever melhor

> A letra C escrita antes de A, O ou U representa o som K. Exemplos: *ca*sa, *co*rtina, es*cu*ro.
>
> A letra C antes de E ou I representa o som S. Exemplos: *ce*tim, *ci*nto.
>
> A letra Ç é sempre escrita antes de A, O ou U para representar o som S e nunca inicia uma palavra. Exemplos: crian*ça*, la*ço*, a*çu*de.

4 Complete as palavras com **c** ou **ç**.

a) ____ir____o   d) palha____o   g) ca____ula

b) po____o   e) a____eitar   h) pes____o____o

c) ____enoura   f) pan____udo   i) bar____o

5 Leia este verbete de dicionário. Complete as palavras em que estão faltando letras.

> **ci.ran.da 1** peneira de obra usada para passar e selecionar material granuloso (brita, ____as____alho etc.) **2** dan____a de roda infantil ou adulta, oriunda de Portugal; cirandinha

Minidicionário Houaiss da Língua Portuguesa. São Paulo: Moderna, 2016.

- Por que a palavra **ciranda** é escrita com **c** e não com **ç**?

_____

6 Responda: o que é, o que é?

> **Dica**
> A resposta é uma palavra que tem C ou Ç na escrita.

a) Órgão do corpo humano que fica no tórax e recebe o sangue das veias e o impulsiona para as artérias.

_____

b) Mamífero voador que, em sua maioria, costuma repousar de cabeça para baixo. _____

c) Sinal de pontuação usado para expressar uma pergunta.

_____

d) Movimentar-se ao som de música. _____

e) Instrumento usado para pesar. _____

f) Pequena cama onde dorme o bebê. _____

g) Parte da frente de certos animais formada pelo nariz e a saliência das mandíbulas. _____

Para falar e escrever melhor

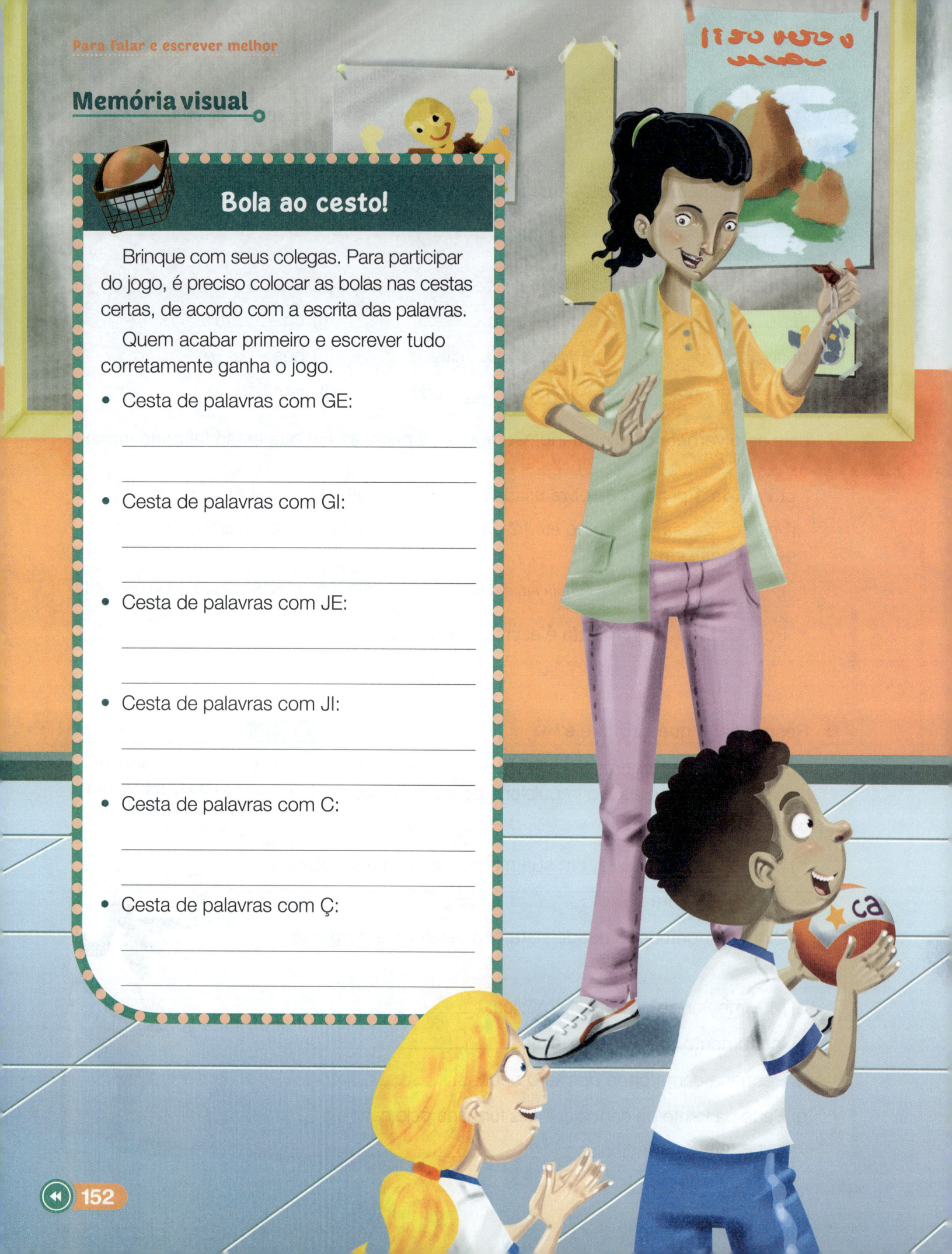

Memória visual

Bola ao cesto!

Brinque com seus colegas. Para participar do jogo, é preciso colocar as bolas nas cestas certas, de acordo com a escrita das palavras.

Quem acabar primeiro e escrever tudo corretamente ganha o jogo.

- Cesta de palavras com GE:
_____
_____

- Cesta de palavras com GI:
_____
_____

- Cesta de palavras com JE:
_____
_____

- Cesta de palavras com JI:
_____
_____

- Cesta de palavras com C:
_____
_____

- Cesta de palavras com Ç:
_____
_____

Para falar e escrever melhor

PLANETA TERRA

| ge | gi | je | ji |
| c | ç | | |

málmo○o ma○ã ä○l cáli○e
○egonha sa○i ○imento ○lo
ló baba○u ○gue ○nte
Laran○ira can○ca ○lado juar

COMUNICAÇÃO ESCRITA

Hora de produzir um texto! Vá para a página 36 do **Caderno do Escritor**.

153

UNIDADE 7 — Eu tenho problemas

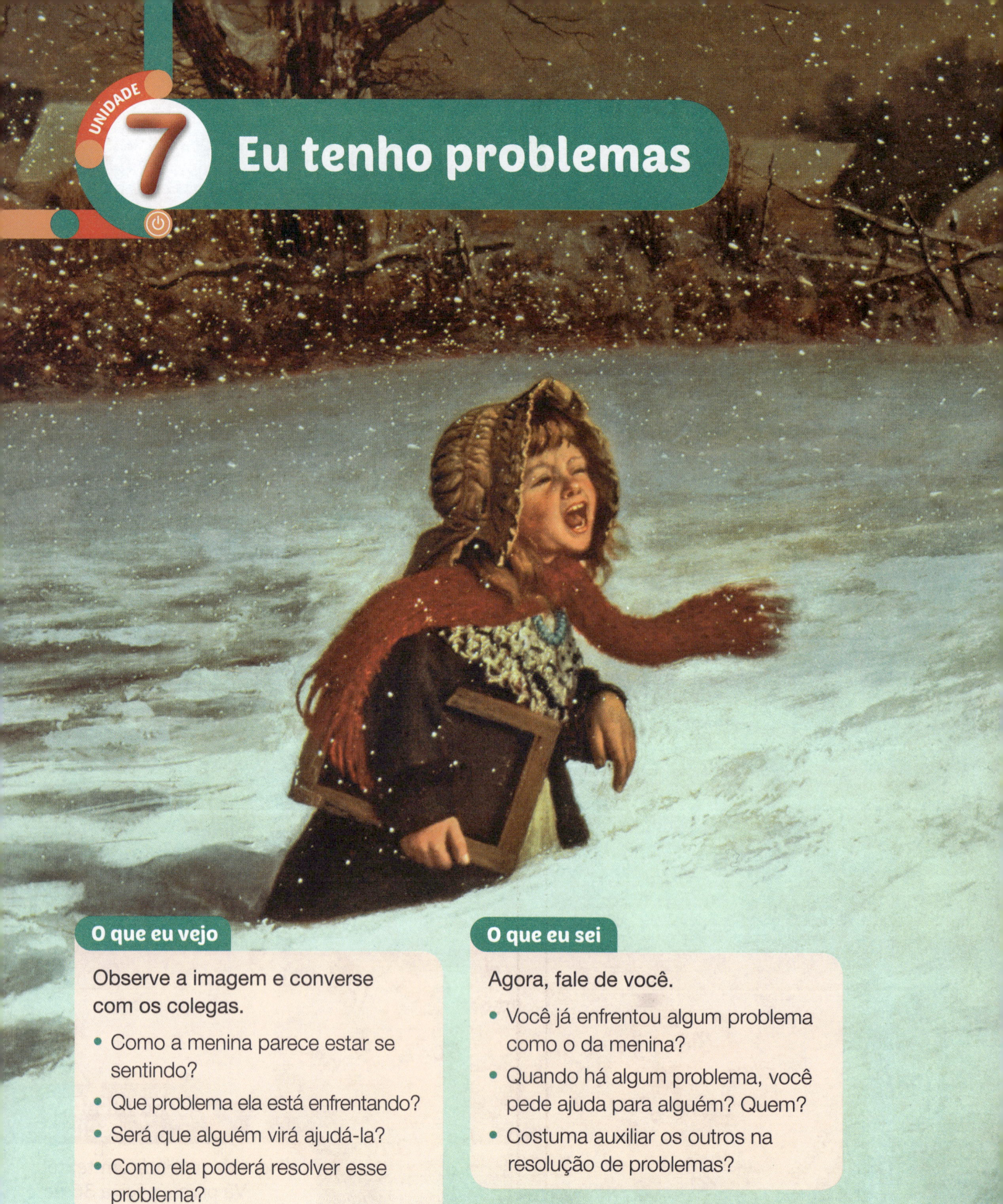

O que eu vejo

Observe a imagem e converse com os colegas.

- Como a menina parece estar se sentindo?
- Que problema ela está enfrentando?
- Será que alguém virá ajudá-la?
- Como ela poderá resolver esse problema?

O que eu sei

Agora, fale de você.

- Você já enfrentou algum problema como o da menina?
- Quando há algum problema, você pede ajuda para alguém? Quem?
- Costuma auxiliar os outros na resolução de problemas?

Em dificuldade, de Johan Mari H. ten Kate, 1876.

TEXTO 1

O texto a seguir é um **conto**. Observe as personagens envolvidas na história, o conflito enfrentado por elas e o modo como foi solucionado.

LER POR PRAZER

O soldado pacífico

Era uma vez, no Reino Distante, um soldado muito elegante, muito valente e muito forte. Era um cavaleiro completo.

Causava admiração por onde passava:

As damas diziam:

— Ooooohhhhhh!

Os cavaleiros diziam:

— Aaaaaahhhhhh!

A rainha surpreendia-se:

— Uaaaaauuuuu!

No entanto, ninguém nunca tinha visto o soldado lutar e isso tinha uma explicação muito simples: nosso soldado era totalmente PA-CÍ-FI-CO. Não gostava de guerras, nem de batalhas, nem de lutas, nem de combates, nem sequer gostava de discutir um pouquinho de vez em quando.

Mas, um dia, o Reino Vizinho declarou guerra ao Reino Distante.

E, como eram reinos de faz de conta, em vez de fazer uma guerra normal e banal, decidiram que lutariam entre si o melhor soldado de cada reino. Nem é preciso dizer que o Reino Distante escolheu o soldado pacífico, enquanto o Reino Vizinho enviou para a batalha o soldado medroso.

 O lugar escolhido para a batalha ficava no meio de um grande campo. De um lado, os reis e os habitantes do Reino Distante e, do outro, os do Reino Vizinho. Os dois soldados caminharam até a metade do prado e falaram:

— Não quero lutar — disse o soldado pacífico. — Odeio guerras.

— Eu tampouco — replicou o soldado medroso. — Batalhas me dão medo.

Eles selaram a paz, e foi organizada uma grande festa entre os dois reinos. Desde então se enaltece o valor dos soldados, porque evitar uma guerra é muito melhor que ganhá-la.

María Mañeru. *Doces contos: um livro de histórias para ter lindos sonhos*. São Paulo: Girassol, 2014.

Tantas palavras

- Consulte o dicionário e encontre os significados da palavra **selar**. Depois, identifique o significado empregado no texto.

- Sublinhe todas as palavras do conto que têm significado semelhante ao da palavra **guerra**.

Para compreender o texto

Um pouco de conversa

1 Converse com os colegas.

a) Explique o que é "uma guerra normal e banal".

b) E como é a guerra nos reinos de faz de conta?

c) Você concorda com o que diz o trecho final do conto: "evitar uma guerra é muito melhor que ganhá-la"? Explique.

Compreensão

> **Fique sabendo**
>
> No **conto**, é preciso identificar:
> - o **tempo** (momento, época) em que se passa a história. Muitas vezes, os contos acontecem no tempo do "era uma vez", um passado muito distante;
> - o **cenário** (lugar) onde as ações acontecem;
> - as **personagens principais** (aquelas que têm o papel mais importante na história) e as **secundárias**;
> - o **conflito**, que é o problema vivido pelas personagens;
> - a **solução**, que resolve o conflito e encaminha a história para o **desfecho**.

2 Quando e onde acontece a história?

_____

3 Há duas personagens principais no conto. Quem são elas?

_____

4 Quem são as personagens secundárias?

_____

_____

5 Qual é o conflito da história?

_____

Para compreender o texto

6 A solução do conflito conduz a um desfecho positivo? Para quem?

_____
_____
_____

De olho na linguagem

7 No trecho abaixo, observe como o narrador dá voz às personagens para que elas mesmas falem.

— Não quero lutar — disse o soldado pacífico. — Odeio guerras.
— Eu tampouco — replicou o soldado medroso. — Batalhas me dão medo.

- Como estão indicadas as falas das personagens?

_____

8 O narrador também poderia escrever sem dar voz às personagens. Observe.

O soldado pacífico disse que não queria lutar, que odiava guerras.
O soldado medroso replicou que ele tampouco queria lutar, que batalhas lhe davam medo.

- Qual das formas de narrar deixa o texto mais emocionante: a que o narrador dá voz às personagens ou essa, em que ele conta, com a própria voz, o que as personagens disseram?

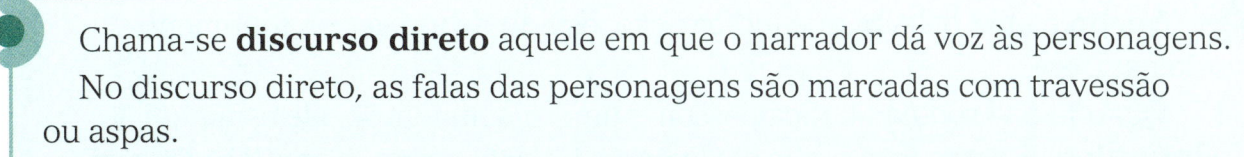

> Chama-se **discurso direto** aquele em que o narrador dá voz às personagens. No discurso direto, as falas das personagens são marcadas com travessão ou aspas.
>
> No **discurso indireto** o próprio narrador conta o que as personagens falaram.

9 O trecho a seguir está em discurso indireto. Transforme-o em discurso direto.

O soldado pacífico disse que não gostava de guerras, nem de batalhas, nem de lutas, nem de combates.

_____
_____
_____

Para falar e escrever melhor

Dicionário — Verbo

1 Leia o trecho de um poema.

Pipa

Presa por um fio,
agita-se a pipa no ar:
dá pinote,
sacode o rabo,
pula cercas invisíveis.

Por um instante para,
imóvel no espaço
como águia
em busca da caça.

Cá embaixo,
o menino-âncora
sorri de felicidade
sem entender
que a pipa
se alimenta
de liberdade.

José De Nicola. *Alfabetário*. São Paulo: Moderna, 2002.

a) Segundo o poema, o que a pipa faz no ar?

b) O que o poeta quis dizer com "a pipa se alimenta de liberdade"?

c) O que indicam as palavras **agita-se**, **sacode** e **pula**?

☐ Nomes. ☐ Características. ☐ Ações.

Verbo é uma palavra que indica ação, estado de um ser ou fenômeno da natureza.

Quando o verbo não indica pessoa, número nem tempo, ele está no **infinitivo**. É dessa forma que ele aparece no dicionário. Exemplos: *estudar, entender, sorrir*.

A terminação do verbo no infinitivo indica a **conjugação** a que ele pertence: AR – 1ª conjugação, ER – 2ª conjugação e IR – 3ª conjugação.

Exemplos: *nadar, estar, comer, parecer, chover, partir* etc.

---

d) Sublinhe os verbos do poema.

- Se você fosse procurar esses verbos no dicionário, como eles estariam escritos?

_____

Para falar e escrever melhor

2 Circule as palavras-guia desta página de dicionário.

afetuosidade | afivelar   **afi**

afetuosidade (a.fe.tu.o.si.da.de) *s.f.* **1** demonstração de afeto; apego, carinho ⟳ desinteresse **2** simpatia por algo ou alguém ⟳ antipatia

afetuoso (a.fe.tu.o.so) /ô/ [pl. e fem.: /ó/] *adj.* cheio de afeto; amigo, carinhoso ⟳ indiferente

afiado (a.fi.a.do) *adj.* **1** que tem gume bem amolado; cortante <faca a.> ⟳ cego, embotado **2** *fig.* feito com perspicácia; penetrante <observação a.> ⟳ tolo **3** *B infrm.* em boas condições para fazer algo; preparado <estava a. para o teste> ⟳ despreparado

afiançar (a.fi.an.çar) *v.* {mod. 1} *t.d.,int. e pron.* **1** responsabilizar-se (por), ser fiador (de) <um engenheiro afiançou a execução do projeto> <essa firma não afiança mais> <afiançou-se (de tudo) antes de ir ao tribunal> ▫ *t.d. e t.d.i.* *p.ext.* **2** (prep. *a*) afirmar com certeza; assegurar <afiançou (à mãe) que voltaria cedo> ~ **afiançamento** *s.m.* - **afiançável** *adj.2g.*

afiar (a.fi.ar) *v.* {mod. 1} *t.d.* **1** tornar (mais) cortante o gume de; amolar <a. uma faca> **2** tornar fino na ponta; afilar <a. a haste da flecha> **3** *fig.* tornar (o que se diz) mordaz, ferino <a. as palavras> ▫ *t.d. e pron. fig.* **4** tornar(-se) apurado, refinado; aprimorar(-se) <a. o ouvido> <a-se no estilo> ~ **afiador** *adj.s.m.*

aficionado (a.fi.cio.na.do) *adj.s.m.* **1** (o) que é entusiasta, simpatizante <um colecionador a. de figurinhas> <os a. do vôlei> **2** que(m) tem inclinação para uma atividade esportiva, artística etc. <apesar de a. da pintura, nunca expõe seus quadros>

afidídeo (a.fi.dí.deo) *s.m.* zoo **1** espécime dos afidídeos, família de insetos sem asas, popularmente chamados pulgões, sugadores de ramos ou folhas de plantas, considerados pragas sérias de lavouras ■ *adj.* **2** relativo a essa família de insetos

afigurar (a.fi.gu.rar) *v.* {mod. 1} *t.d.* **1** apresentar a forma ou figura de; assemelhar-se a <a montanha afigura a corcova de um camelo> **2** dar forma ou figura a <a. o mármore> ▫ *t.d.pred.* **3** dar a impressão de; aparentar, parecer <afigurava-a mais alta> ▫ *t.d.i. e pron.* **4** (prep. *a*) representar na mente; imaginar <no escuro, o vulto afigurou-lhe um ladrão> <a possível vitória afigurou-se>

afilar (a.fi.lar) *v.* {mod. 1} *t.d.* **1** dar forma de fio a <a. as fibras da planta> ▫ *t.d. e pron.* **2** tornar(-se) fino e comprido <a. a massa da torta> <seu rosto afilou-se> ▫ *t.d.,int. e pron.* **3** tornar(-se) pontudo, aguçar <a. a ponta do lápis> <à medida que o tempo esquenta, o iceberg afila(-se)> ~ **afilação** *s.f.* - **afilado** *adj.* - **afilamento** *s.m.*

afilhadagem (a.fi.lha.da.gem) [pl.: -ens] *s.f.* **1** grupo numeroso de afilhados **2** favoritismo para com afilhados; nepotismo

afilhado (a.fi.lha.do) *s.m.* **1** quem recebeu batismo, casou-se etc., em relação a seu padrinho e/ou madrinha **2** quem recebe proteção como se fosse filho ✦ COL afilhadagem

afiliar (a.fi.li.ar) *v.* {mod. 1} *t.d.i. e pron.* (prep. *a*) associar(-se) [a clube, entidade, sociedade etc.] <afiliou-se ao clube para usar a piscina> ~ **afiliação** *s.f.* - **afiliado** *adj.s.m.*

afim (a.fim) [pl.: -ins] *adj.2g.* **1** que tem afinidade, semelhança ou ligação <profissões a.> ▫ cf. *a fim de*, no verbete *fim* ■ *adj.2g.s.2g.* **2** (indivíduo) ligado a outro(s) por parentesco não sanguíneo <sobrinhos a.> <os a. também foram lembrados no testamento>

afinado (a.fi.na.do) *adj.* **1** tornado fino **2** MÚS que está no tom certo; harmonioso <piano a.> <cantor a.> ⟳ desafinado **3** bem preparado; apto <aluno a.> **4** de acordo com (outros) <a. com os diretores>

afinal (a.fi.nal) *adv.* **1** enfim, finalmente <a., formou-se> **2** afinal de contas <a., quanto foi o jogo?>

afinar (a.fi.nar) *v.* {mod. 1} *t.d.* **1** tornar fino ou mais fino <a. a ponta de um lápis> ⟳ engrossar **2** livrar (metais) de impurezas; purificar ▫ *t.d. e int.* **3** MÚS pôr em harmonia (instrumentos, vozes) <afinou a guitarra antes de tocar> <esse coro nunca afina> ▫ *t.d. e pron. fig.* **4** tornar(-se) melhor, mais perfeito; apurar(-se) <o estudo afina o conhecimento> <com a idade, seu gosto afinou-se> ▫ *t.i.,t.d.i. e pron. fig.* **5** (prep. *com*, *a*) pôr(-se) em concordância, equilíbrio; ajustar(-se) <o comportamento dela afinava com o da mãe> <você deve a. suas ideias com as do grupo> <não se afinava com o irmão> ▫ *int.* **6** *B infrm.* assustar-se diante do adversário (esp. no futebol) <ao ver o tamanho do zagueiro, o atacante afinou> ~ **afinação** *s.f.*

afincar (a.fin.car) *v.* {mod. 1} *t.d. e pron.* **1** fixar (-se), cravar(-se) <a. um prego> <a flecha afincou-se na árvore> ▫ *t.i. e pron. fig.* **2** (prep. *a*, *em*) insistir, teimar <afincou em sair, apesar da chuva> <afincava-se às velhas manias> ~ **afincamento** *s.m.*

afinco (a.fin.co) *s.m.* conduta firme; perseverança, persistência <estudar com a.>

afinidade (a.fi.ni.da.de) *s.f.* **1** vínculo de parentesco não sanguíneo <primos por a.> **2** relação entre pessoas existente pela coincidência ou semelhança (de gostos, sentimentos etc.) <foram amigos na infância, mas já não havia a. entre eles> **3** relação de semelhança entre coisas <a. entre o som e a cor>

afirmação (a.fir.ma.ção) [pl.: -ões] *s.f.* **1** ato de dizer sim ou seu efeito; asserção <respondeu à proposta com uma a.> ⟳ negação **2** o que se afirma como verdade; afirmativa <a. do governador irritou o deputado> **3** declaração firme; afirmativa, asserção <aquele ato foi a a. de seu caráter> **4** autoafirmação <adolescente em busca de a.>

afirmar (a.fir.mar) *v.* {mod. 1} *t.d. e t.d.i.* **1** (prep. *a*) dizer com firmeza, assumindo a verdade do que é dito; asseverar <afirmaram que voltariam cedo> <afirmou ao povo que seria reeleito> ▫ *t.d. e pron.* **2** tornar(-se) firme; estabelecer(-se), consolidar(-se) <a. termos do contrato> <a.-se no emprego> ▫ *t.d.* garantir a veracidade, a existência de; comprovar <o atestado afirma que a joia é antiga>

afirmativa (a.fir.ma.ti.va) *s.f.* **1** afirmação **2** resposta positiva; confirmação ⟳ negativa

afirmativo (a.fir.ma.ti.vo) *adj.* **1** que afirma ou que envolve afirmação <dar um olhar a.> **2** que revela certeza; categórico <declaração a.> **3** GRAM LING em que não há negação (diz-se de palavra, frase etc.)

afivelar (a.fi.ve.lar) *v.* {mod. 1} *t.d.* **1** prender com fivela <a. o cinto de segurança> **2** pôr fivela em <afivelou a correia do relógio>

27

Instituto Antônio Houaiss de Lexicografia.
Pequeno dicionário Houaiss da língua portuguesa. São Paulo: Moderna, 2015.

a) As palavras que você circulou são substantivos ou verbos?

b) Quantas entradas da página reproduzida são verbos?

Para falar e escrever melhor

Ortografia — Terminações EZ e EZA

1 Pinte as peças na mesma cor das que têm as terminações que as completam.

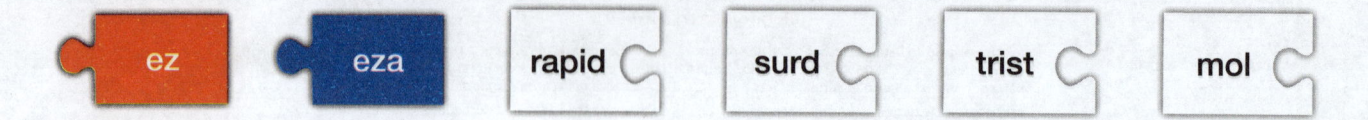

ez | eza | rapid | surd | trist | mol

2 Leia.

O cavalo pantaneiro, criado na **aridez** e **beleza** da região, tem grande força de arranque, tração dianteira, canela curta, perna longa, **dureza** nos cascos, **maciez** no andar (não provoca solavancos nos cavaleiros) e capacidade de pastar forragens submersas no período de cheia do Pantanal.

Revista *Globo Rural,* n. 279, jan. 2009. Texto adaptado.

Cavalo pantaneiro. Poconé (MT), 2012.

a) Copie as palavras destacadas no texto, de acordo com as definições. Se precisar, consulte o dicionário.

☐ ➡ Pouca ou nenhuma fertilidade.

☐ ➡ Qualidade do que é belo.

☐ ➡ Resistência, força.

☐ ➡ Qualidade do que é macio.

b) Complete com **ez** ou **eza**. Depois copie a palavra que você formou.

avar_____ ➡ _____

estupid_____ ➡ _____

fin_____ ➡ _____

> As terminações EZ e EZA, geralmente, formam substantivos derivados de adjetivos.
> Exemplos:
> acid**ez** – derivado de *ácido*; grand**eza** – derivado de *grande*.

Para falar e escrever melhor

3 Observe estes adjetivos e os substantivos que foram formados com base neles.

Terminação EZ

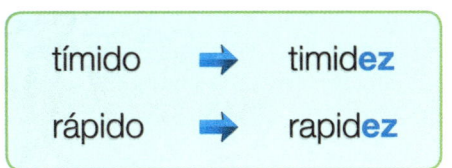

| tímido | ➡ | timid**ez** |
| rápido | ➡ | rapid**ez** |

Terminação EZA

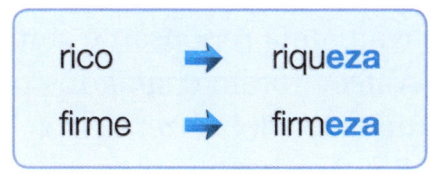

| rico | ➡ | riqu**eza** |
| firme | ➡ | firm**eza** |

- Complete os quadros transformando os adjetivos em substantivos.

EZ

Adjetivo	Substantivo
inválido	
fluido	
pálido	
viúvo	
robusto	
ríspido	
sólido	
nítido	

EZA

Adjetivo	Substantivo
claro	
nobre	
fino	
bravo	
gentil	
certo	
profundo	
frio	

4 Escreva o substantivo que corresponde a cada explicação. Se preciso, consulte um dicionário.

> **Dica**
> Os substantivos terminam em **ez** ou **eza**.

a) Estado de mulher grávida. _____

b) Qualidade de quem é franco. _____

c) Qualidade de quem é sutil. _____

d) Estado do que é rígido. _____

e) Qualidade do que é puro. _____

Para falar e escrever melhor

Oficina das palavras — Conjugando verbos

1 Leia o *Enigma de Baker Street 63*.

Enquanto passavam uma repousante semana no campo, Holmes e Watson foram chamados para resolver uma disputa entre dois fazendeiros locais.

Os fazendeiros Smith e Jones moravam em terras vizinhas e, aparentemente, o pato do fazendeiro Smith havia entrado nas terras do fazendeiro Jones — por um buraco na cerca que deveria ser mantida pelo próprio Jones — e posto um ovo.

O fazendeiro Smith alegava que o ovo era seu porque a ave era sua e o buraco na cerca deveria ter sido consertado pelo fazendeiro Jones.

O fazendeiro Jones, por sua vez, alegava que o ovo era seu simplesmente porque estava em suas terras.

Quem estava certo?

Tom Bullimore. *Enigma de Baker Street –
Charadas de Sherlock Holmes*. São Paulo: Melhoramentos, 2002.

Em uma narrativa, os verbos são muito importantes. Eles dão movimento ou descrevem a ação das personagens.

- Sublinhe os verbos no texto acima e observe como eles ajudam a contar a história.

2 Para descobrir a resposta do enigma, reúna-se com um colega e complete o texto com o nome dos fazendeiros e os verbos entre parênteses na forma adequada.

> **Dica**
> Dois verbos devem permanecer no infinitivo.

O fazendeiro _____ _____ (ter) toda razão

ao _____ (alegar) que o ovo _____ (ser) seu

por _____ (estar) em suas terras. O fazendeiro _____

não _____ (ter) razão nenhuma, pois não _____ (ser)

os patos que _____ (pôr) ovos, e sim as patas!

Para falar e escrever melhor

Comunicação oral — Contando uma história

1 Observe estas ilustrações.

- Onde se passa a história que está sendo contada?
- Quem são as personagens?
- Que conflito será enfrentado pelas personagens?
- Como você acha que ele será resolvido?

Áudio *Rapunzel*

2 O professor vai ler o início da história.

3 Cada um de vocês deverá dar continuidade a ela, inventando uma parte e contando-a aos colegas.

4 Encerrada a narração, pense na sua participação.

5 Depois, faça a autoavaliação e converse com seus colegas sobre ela.

Autoavaliação	👍	👎
Participei da narração com interesse?		
Acompanhei os trechos contados pelos colegas?		
Dei prosseguimento adequado à história?		
Foi fácil dar continuidade à história?		
Apresentei minha ideia com clareza?		
Gostei da história que o grupo criou?		

TEXTO 2

O texto a seguir é uma **carta pessoal de reclamação**. Preste atenção ao modo como a autora da carta argumenta para defender seu direito de consumidora.

LER PARA SE INFORMAR

São Paulo, 16 julho de 2018.

À
Fábrica de Calçados Salto Bom
Referente: Calçado com defeito de fabricação

Prezados senhores
 Em janeiro passado, comprei um par de sapatos de sua fabricação como presente de aniversário para minha irmã. Ela gostou tanto do presente que o guardou para usá-lo somente em "ocasiões especiais".
 Recentemente, um dos pés do calçado rasgou quase por inteiro na lateral junto à costura, mesmo com pouco uso. O sapateiro a que ela levou o calçado para consertar disse que era defeito de fabricação.
 Sei que o prazo para a troca de produto com defeito não aparente já se esgotou, mas o calçado está novinho. Gostaria, portanto, que fosse trocado.
 Eu mesma tenho e já usei calçados Salto Bom e nunca tive problema. Eles são duráveis. Justamente esse, que comprei para dar de presente, não durou nada.
 Fico no aguardo de uma resposta.
 Grata.

Daiane Silva
Rua das Mangas, 20.
CEP: 000-0000

Tantas palavras

O que significa a expressão "defeito não aparente"?
☐ Aquilo que não parece defeito.
☐ Defeito que não se consegue ver.

Para compreender o texto

Um pouco de conversa

1 Converse com os colegas.

a) Você já tinha lido alguma carta de reclamação?

b) Na sua opinião, é importante o consumidor reclamar quando não está satisfeito com um produto? Por quê?

c) Como é o tom usado pela consumidora na carta que você leu: áspero ou educado?

Compreensão

> **Fique sabendo**
>
> A **carta de reclamação** tem a seguinte estrutura:
> - No alto da página, informa-se a **cidade** de onde se escreve e a **data**.
> - Em seguida, escreve-se o nome do **destinatário** da reclamação.
> - Abaixo do destinatário, vem o **referente**, ou seja, o assunto a que a carta se refere.
> - No **corpo** da carta, são apresentados o problema e os argumentos que sustentam a reclamação.
> - A **saudação** deve ser respeitosa, assim como a **despedida**.
> - As informações sobre o **remetente** (nome completo e endereço) devem ser escritas com clareza para uma possível resposta.

2 Quem é o destinatário da carta?

_____
_____

3 Quem é o remetente? É ele o usuário do produto?

_____
_____

4 Qual é o motivo da reclamação?

_____
_____

Para compreender o texto

5 Em que parágrafo da carta a consumidora apresenta a reclamação?
_____
_____

> **Fique sabendo**
>
> A carta de reclamação deve apresentar **argumentos** bem fundamentados para convencer o interlocutor a propor uma solução para o problema relatado.

6 Que argumentos a consumidora apresenta em defesa de sua queixa?
_____
_____

7 Dos argumentos que ela apresenta, qual parece o mais bem fundamentado?
_____
_____

8 Na argumentação, a consumidora diz que o sapato tinha "pouco uso". Que parte do primeiro parágrafo apoia esse argumento?
_____
_____

9 No terceiro parágrafo da carta, a consumidora antecipa uma possível resposta da empresa que invalidaria sua queixa.

   Sei que o prazo para a troca de produto com defeito não aparente já se esgotou [...].

- Em sua opinião, essa afirmação enfraquece ou fortalece a argumentação? Explique.
_____
_____
_____

Para compreender o texto

10. A consumidora demonstra claramente que espera que o produto seja trocado. No final da carta, ela parece estar disposta a brigar pela troca?

___

> **Fique sabendo**
>
> É importante juntar à carta de reclamação todos os **documentos** que comprovem o problema.
>
> Em algumas situações, é possível sugerir uma **solução** intermediária para não haver conflito.

11. Que documentos a consumidora poderia anexar à carta?

___

12. Que solução ela poderia ter proposto?

___

De olho na linguagem

13. Substitua a palavra em destaque no trecho abaixo por outra palavra ou expressão, mantendo o sentido do texto.

[...] mas o sapato estava **novinho**.

___

14. Explique o uso de aspas na expressão "ocasiões especiais", no primeiro parágrafo da carta.

Para falar e escrever melhor

Gramática — **Verbo: pessoa e número**

1 Leia este trecho de um conto.

[...]
Minha mãe também engordou.
Eu perguntei para minha mãe:
— O que tem aí dentro da sua barriga?
Ela respondeu com uma cara toda feliz:
— Um bebê. Seu irmão.
[...]

Milu Leite. *É siri, é bebê, é corda*. Disponível em: <http://mod.lk/esiri>.
Acesso em: 22 jul. 2018.

a) Agora, responda.

- Quem é a pessoa que fala? _____
- Com quem ela fala? _____
- Do que elas falam? _____

b) Marque um **X** nas afirmativas corretas sobre as pessoas gramaticais do texto.

☐ O **falante** representa a 1ª pessoa do singular.

☐ O **falante** representa a 3ª pessoa do plural.

☐ A **pessoa** a quem o narrador se refere representa a 3ª pessoa do singular.

☐ A **pessoa** a quem o narrador se refere representa a 1ª pessoa do plural.

O verbo pode ser flexionado em **pessoa** (1ª, 2ª e 3ª) e **número** (singular e plural).

Pessoa gramatical	1ª pessoa	2ª pessoa	3ª pessoa
Singular	eu canto eu vendo eu divido	tu cantas tu vendes tu divides	ele/ela canta ele/ela vende ele/ela divide
Plural	nós cantamos nós vendemos nós dividimos	vós cantais vós vendeis vós dividis	eles/elas cantam eles/elas vendem eles/elas dividem

Para falar e escrever melhor

2 Copie as frases completando-as com o pronome indicado entre parênteses.

a) (**1ª pessoa do plural**) vamos ao cinema aos sábados.

___

b) (**3ª pessoa do plural**) sempre assistem a filmes assustadores.

___

c) (**2ª pessoa do singular**) tens medo de filme de terror?

___

3 Copie as frases corrigindo o pronome.

a) **Elas** como um pedaço de bolo todos os dias.

___

b) **Ele** vens para a festa junina?

___

c) **Eu** ficamos felizes com a festa de aniversário surpresa.

___

d) **Nós** dançam em todas as festas.

___

4 Relacione as três colunas para formar frases completas.

a	Eu		vens			e nós atendemos.
b	Tu		fazemos			duas malas sem esforço.
c	Nós		sorrio			nas fotos.
d	Ele		pedis			o lanche comigo?
e	Vós		andam		**a**	de pão com manteiga.
f	Por que elas		carrega			me visitar?
g	Eu sempre		divides			bagunça no intervalo.
h	Quando tu	**a**	gosto			tão depressa?

171

Para falar e escrever melhor

5 Leia.

Esta é a história de uma aventura que eu vivi sem querer.

Eu estava sem saber o que fazer. Foi quando vi um trem apitando ao longe, chegando mais perto, até parar na estação.

Resolvi então entrar num vagão só para ver o que poderia acontecer. [...]

Kátia Canton. *O trem da história*. São Paulo: Companhia das Letrinhas, 2003. Texto adaptado.

a) O narrador da história é também personagem ou não participa dos acontecimentos?

___

b) Como você descobriu isso?

___
___
___
___

c) Copie o texto como se você e um colega contassem a história.

___
___
___
___
___
___
___
___
___

Esquina da poesia

Sem sorrir
Sem chorar
Se largar
Por aí

Sem sentir
Sem pensar
Só brotar
Intuir

[...]

Sem tossir
Sem piscar
Encontrar-
-se a si.

Nilson José Machado. Encontro. Em: *Plantares*. São Paulo: Escrituras, 1997.

Para falar e escrever melhor

Ortografia — C, S, SS, SC, SÇ e XC

1 Leia esta tirinha. As personagens são uma barata e uma aranha.

NÍQUEL NÁUSEA — Fernando Gonsales

> VOCÊ PODE JOGAR NO GOL DO <u>NOSSO</u> TIME?
> <u>SIM</u>!
> OBA!
> BAH! ELES NÃO ME <u>ACHAM</u> UM BOM GOLEIRO!
> <u>ELES</u> <u>SÓ</u> QUEREM O GOL COM REDINHA!

a) A quem a aranha se refere quando diz "eles"?

_____

_____

b) Por que as baratas querem a aranha no gol?

_____

_____

c) As palavras sublinhadas nos balões apresentam o fonema S, ou seja, o som S.

- Observe a posição das letras que representam o fonema S nessas palavras e organize-as em:

    1 palavras com S em início ou final de sílaba: _____

    2 palavras com C antes de E ou I: _____

    3 palavras com SS entre vogais: _____

O fonema S é representado por letras diferentes. Algumas delas são:

- S – no início ou no final de sílabas, exceto quando está entre vogais.
  Exemplos: *seu, os, ensaio, escada*.
- C – antes de E e I.
  Exemplos: *você, cenoura, saci, cidade*.
- SS – são usadas apenas entre vogais.
  Exemplos: *assado, isso, pessoa, ossudo*.

Para falar e escrever melhor

2 Encontre no diagrama o nome das figuras.

```
P R T G A B B O I L S C E R C A J C D A R D U D
B O T F G R T G I R A S S O L C O B S E R E I A
C I N T O C J L U S B I C I C L E T A G R P Q U
O P R I F L O P R O F E S S O R A M C I R T O U
J E L P Á S S A R O F G T O A L C P S A P O K L
```

- Copie as palavras que você encontrou, organizando-as adequadamente nas colunas.

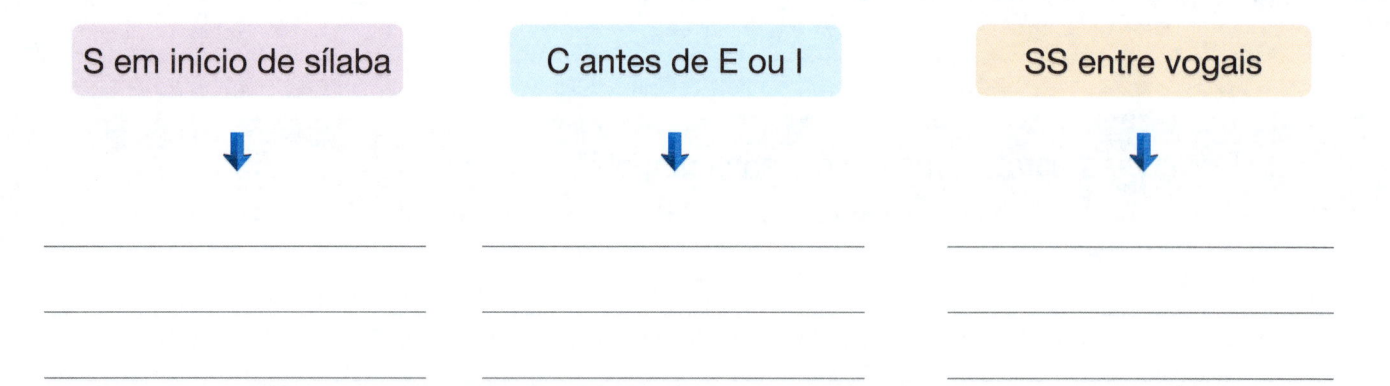

S em início de sílaba	C antes de E ou I	SS entre vogais
⬇	⬇	⬇
_____	_____	_____
_____	_____	_____
_____	_____	_____

> Além de S, C e SS, alguns grupos de letras também representam o fonema S.
> - SC – antes de E e I. Exemplos: cre**sc**er, pi**sc**ina.
> - SÇ – antes de A e O. Exemplos: cre**sç**a, cre**sç**o.
> - XC – antes de E e I. Exemplos: e**xc**elente, e**xc**itação.

3 Complete os espaços com os dígrafos corretos e leia as palavras em voz alta.

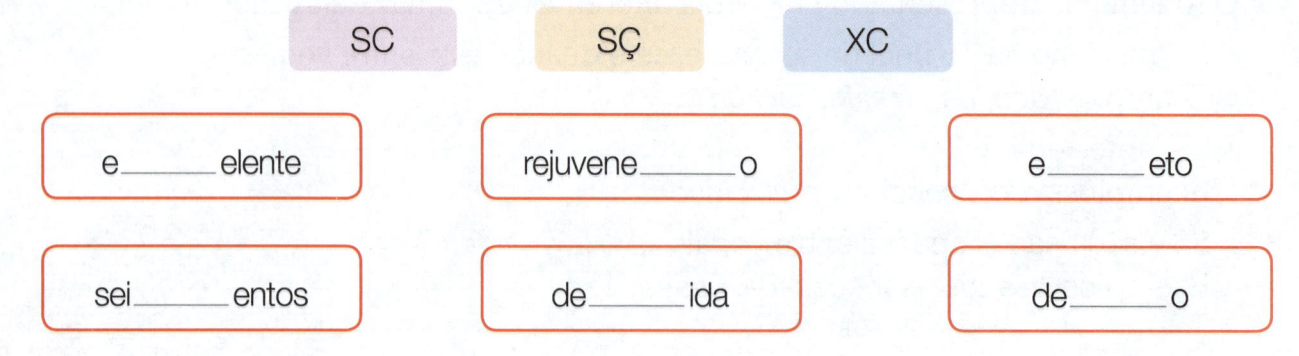

SC   SÇ   XC

e_____elente   rejuvene_____o   e_____eto

sei_____entos   de_____ida   de_____o

Para falar e escrever melhor

4 Encontre uma palavra em cada quadro.

> **Dica**
> As palavras devem ter os dígrafos **sc**, **sç** ou **xc**.

F	I	O	Ç
C	L	D	R
S	A	E	A

_____

X	U	E	A
O	E	B	S
S	C	T	O

_____

C	O	S	A
I	S	F	O
N	T	I	A

_____

T	A	L	E
O	D	E	P
E	X	M	C

_____

D	E	D	E
C	A	T	E
S	N	O	L

_____

R	F	R	E
I	E	A	C
C	D	S	T

_____

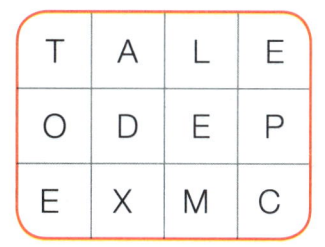

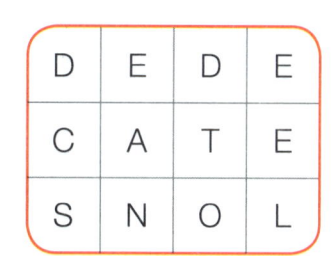

5 Complete as frases com a forma adequada do verbo indicado.

descer

> Atividade interativa
> SC, SÇ e XC

a) Os alunos _____ as escadas correndo quando ouvem o sinal.

b) Todos os dias eu _____ as escadas e pego o jornal.

c) A professora _____ na frente e espera a classe lá embaixo.

d) Nós _____ a ladeira devagar para não cair.

Não confunda! G ou J

a) Vamos via____ar no próximo mês. Nessa via____em, queremos conhecer o lugar onde nasceu Monteiro Lobato.

b) O portão de casa está todo enferru____ado. A ferru____em manchou meu casaco.

Para falar e escrever melhor

Memória visual

Colhendo flores

- Em cada flor há uma palavra e em cada cesta estão grupos de letras que completam essas palavras.
- Complete as palavras. Em qual cesta há mais palavras?

_____
_____

fa____ículo

e____epcional

o____ilar

de____endência

cre____o

rapid____

e____elência

adole____ente

riqu____

de____a

Para falar e escrever melhor

delicad____

maci____

con____iência

cre____imento

e____eção

na____ente

SÇ

SC

XC

EZ

EZA

COMUNICAÇÃO ESCRITA

Hora de produzir um texto! Vá para a página 40 do **Caderno do Escritor.**

177

UNIDADE

8 Eu sou cidadão

O que eu vejo

Observe a imagem e converse com os colegas.

- Que lugar é esse?
- O que as crianças estão fazendo?
- Como elas parecem se sentir?

"CUERDAS", DE PEDRO SOLÍS GARCÍA, 2014

O que eu sei

Agora, fale de você.

- Você já ajudou alguém? Quem?
- Costuma participar da resolução de problemas?
- O que significa ser cidadão?

179

TEXTO 1 — LER PARA SE INFORMAR

Você vai ler um trecho do **discurso** feito por uma jovem paquistanesa, quando ela tinha 17 anos, na cerimônia em que recebeu o Prêmio Nobel da Paz, em Oslo, na Noruega, em 2014.

http://mod.lk/discurso

Discurso de Malala Yousafzai no Prêmio Nobel da Paz

[...]

Queria agradecer a meus pais por seu amor incondicional. Agradecer a meu pai por não cortar minhas asas e me deixar voar. Obrigada, mamãe, por me inspirar a ser paciente e falar sempre a verdade — que acreditamos vigorosamente ser a verdadeira mensagem do Islã. [...]

Este prêmio não é só meu. É das crianças esquecidas que querem educação. É das crianças assustadas que querem a paz. É das crianças sem direito à expressão que querem mudanças.

Estou aqui para afirmar os seus direitos, dar-lhes voz... Não é hora de lamentar por elas. É hora de agir, para que seja a última vez que vejamos uma criança sem direito à educação. [...]

A educação é uma das bênçãos da vida — e uma de suas necessidades. Essa tem sido a minha experiência pelos dezessete anos que vivi. Em minha casa, no vale Swat, no norte do Paquistão, eu sempre adorei a escola e aprender coisas novas. Lembro-me de que, quando minhas amigas e eu enfeitávamos nossas mãos com hena para as ocasiões especiais, em vez de desenhar flores e padrões, nós pintávamos as mãos com fórmulas e equações matemáticas.

Tínhamos sede de educação porque o nosso futuro estava bem ali, naquela sala de aula. Nós sentávamos e líamos e aprendíamos juntas. E amávamos vestir aqueles uniformes escolares limpos e bem passados e sentar ali com grandes sonhos em nossos olhos. Queríamos que nossos pais se orgulhassem de nós e provar que poderíamos nos destacar nos estudos e realizar algo, o que algumas pessoas pensam que somente os meninos podem fazer.

Mas as coisas mudam. Quando eu tinha dez anos, Swat, que era um recanto de beleza

Malala Yousafzai, então com 17 anos, mostrando a medalha e o diploma do Prêmio Nobel da Paz.

http://mod.lk/discurso

e turismo, de repente se transformou em um lugar de terrorismo. Mais de quatrocentas escolas foram destruídas. As meninas foram impedidas de frequentar a escola. As mulheres foram açoitadas. Pessoas inocentes foram assassinadas. Todos sofremos. E os nossos belos sonhos se transformaram em pesadelos. [...]

Eu tinha duas opções, a primeira era permanecer calada e esperar para ser assassinada. A segunda era erguer a voz e, em seguida, ser assassinada. Eu escolhi a segunda. Eu decidi erguer a voz.

Os terroristas tentaram nos deter e atacaram a mim e a minhas amigas em 9 de outubro de 2012, mas suas balas não podiam vencer.

Nós sobrevivemos. E desde aquele dia nossas vozes só fizeram se erguer mais alto. [...]

Por que os países que chamamos de "fortes" são tão poderosos em criar guerras, mas tão fracos em trazer a paz? Por que fornecer armas é tão fácil, mas doar livros é tão difícil? Por que fabricar tanques é tão fácil, mas construir escolas é tão difícil?

Vivemos na era moderna, o século XXI, e passamos a acreditar que nada é impossível. Chegamos à Lua e talvez em breve pousaremos em Marte. Então, neste século, temos de insistir em que o nosso sonho de uma educação de qualidade para todos também se torne realidade. [...]

Que esta seja a última vez que uma criança inocente perca a vida na guerra.

Que esta seja a última vez que uma sala de aula permaneça vazia.

Que esta seja a última vez que se diga a uma menina que a educação é um crime e não um direito.

Que esta seja a última vez que uma criança permaneça fora da escola. [...]

Que comecemos a construir um futuro melhor, aqui, agora.

Obrigada.

Disponível em: <http://mod.lk/discurso>.
Acesso em: 16 jun. 2018.

Tantas palavras

- Releia estes trechos do discurso.

   Estou aqui para afirmar os seus direitos, dar-lhes voz...
   E desde aquele dia nossas vozes só fizeram se erguer mais alto.

- Procure no dicionário os significados da palavra **voz**. Quais deles se aplicam a esses trechos?

- Registre sua resposta no *Caderno do Escritor*.

Para compreender o texto

Um pouco de conversa

1 Converse com os colegas.

a) Que idade tinha Malala ao receber o Prêmio Nobel da Paz?

b) Onde morava Malala?

c) Como era esse lugar quando Malala tinha dez anos?

d) Quem atacou Malala e suas amigas? Por que fizeram isso?

e) Malala agradece ao pai por: "não cortar minhas asas e me deixar voar". O que ela quis dizer com isso?

Compreensão

Vídeo
Malala Yousafzai

Fique sabendo

O **discurso** é a exposição oral de um texto geralmente escrito com antecedência para ser proferido em público. Ele pode ser de agradecimento, de reivindicação, de compromisso, de felicitação.

2 Observe a foto.

a) Você concorda que o discurso de Malala foi preparado e escrito com antecedência?
_____
_____
_____
_____

b) Por que é necessário escrever o texto com antecedência?
_____
_____

3 Qual é a ideia central do discurso de Malala?
_____
_____

Para compreender o texto

4 Por que Malala foi escolhida para receber o Prêmio Nobel da Paz?

_____
_____
_____

5 Para quem ela oferece o prêmio?

6 Qual é o desejo de Malala para as crianças do mundo todo?

_____
_____
_____

7 Releia este trecho do discurso de Malala.

> Por que os países que chamamos de "fortes" são tão poderosos em criar guerras, mas tão fracos em trazer a paz? Por que fornecer armas é tão fácil, mas doar livros é tão difícil? Por que fabricar tanques é tão fácil, mas construir escolas é tão difícil?

- Malala faz três perguntas que levam à mesma resposta. Que resposta é essa?

  ☐ Porque os governos não podem gastar dinheiro com escolas.

  ☐ Porque os governos preferem investir em guerra a investir em educação.

8 O discurso de Malala é um discurso de:

☐ agradecimento.   ☐ reivindicação.   ☐ felicitação.

De olho na linguagem

Fique sabendo

O discurso deve ser escrito e proferido em primeira pessoa com o uso dos pronomes pessoais **eu** (singular) ou **nós** (plural).

Para compreender o texto

9 Sublinhe no texto um trecho em que Malala usa o pronome **eu** e outro em que usa o pronome **nós**.

- Com seus colegas, explique o uso de cada um deles.

10 Releia o trecho final do discurso de Malala.

> Que esta seja a última vez que uma criança inocente perca a vida na guerra.
>
> Que esta seja a última vez que uma sala de aula permaneça vazia.
>
> Que esta seja a última vez que se diga a uma menina que a educação é um crime e não um direito.
>
> Que esta seja a última vez que uma criança permaneça fora da escola. [...]
> Que comecemos a construir um futuro melhor, aqui, agora.

a) Que intenção Malala teve ao repetir várias vezes a expressão "Que esta seja a última vez que"?

☐ Apresentar a ideia de que a educação escolar é necessária.

☐ Reforçar a ideia de que a educação escolar é um direito fundamental das crianças.

b) Crie uma frase sobre educação, iniciando-a com a expressão "Que esta seja a última vez que".

_____
_____
_____
_____

Educação em valores — Direito à educação

Em 2000, a Organização das Nações Unidas (ONU), com o apoio de 191 nações, estabeleceu algumas metas que ficaram conhecidas como Objetivos de Desenvolvimento do Milênio (ODM). Uma dessas metas era:

Oferecer educação básica de qualidade para todos.

- Você já tinha ouvido falar dessas metas?
- Você conhece alguma criança que não frequenta a escola? Se conhece, por que você acha que isso acontece?

Para falar e escrever melhor

Gramática — Concordância: substantivo e verbo

1 Observe as ilustrações e as legendas.

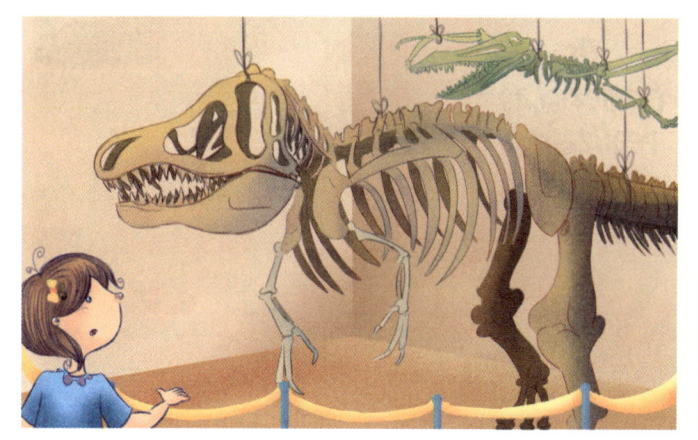

A menina admira o esqueleto de dinossauro.

As meninas admiram o esqueleto de dinossauro.

a) Escreva os verbos que aparecem nas legendas.

b) Copie os substantivos que esses verbos acompanham.

Substantivo no singular ➡

Substantivo no plural ➡

c) Complete o quadro com as respostas dos itens **a** e **b**.

Artigo	Substantivo	Verbo
a		
as		

2 Converse com os colegas sobre o que você observou.

- Como fica o verbo quando o substantivo está no singular ou no plural?

3 Complete a regra com o que você aprendeu.

O verbo concorda com o _____ que ele acompanha, ficando no singular ou no _____ .

Para falar e escrever melhor

4 Leia estes cartazes de um circo.

A HOJE NO CIRCO — O palhaço distribui pipoca para a meninada!

B HOJE NO CIRCO — Os trapezistas realizam o salto triplo sem rede!

C HOJE NO CIRCO — O MÁGICO TIRA O COELHO DOURADO DA CARTOLA!

• Copie das frases dos cartazes o substantivo e o verbo que o acompanha. Depois, complete com **singular** ou **plural**.

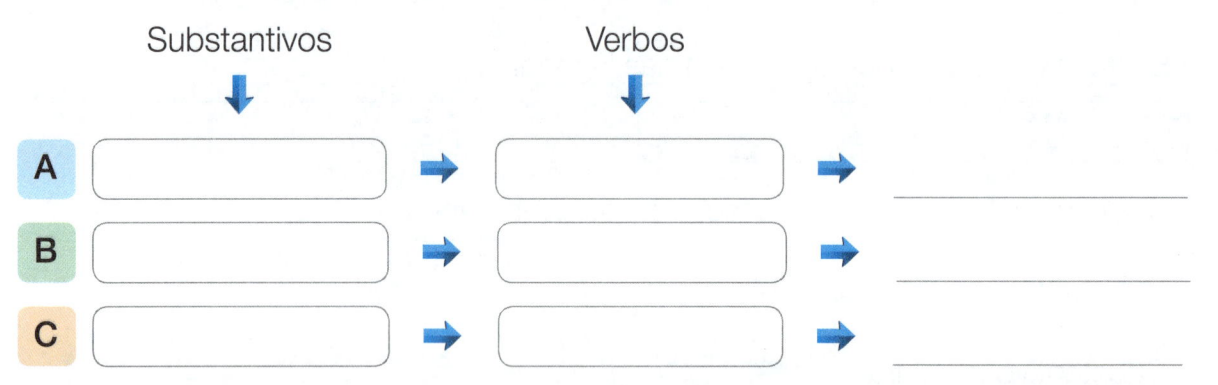

Substantivos → Verbos →

A ⬜ → ⬜ → _____

B ⬜ → ⬜ → _____

C ⬜ → ⬜ → _____

5 Complete as frases com os verbos dos quadrinhos.

| dorme | gostam | brilham |
| brincam | precisa | aquece |

a) O Sol _____ a Terra.

b) As estrelas _____ no céu.

c) O bebê _____ tranquilo.

d) As crianças _____ na piscina.

e) As meninas _____ de brincar.

f) O mundo _____ de paz.

• Circule nas frases os substantivos que esses verbos acompanham.

Para falar e escrever melhor

6 Leia as frases que Beto, Bel e Dudu escreveram.

Beto 
- Os peixes nadam no rio.
- As borboletas voa de flor em flor.
- O ipê está florido.

Bel 
- Os lápis caiu no chão quando o estojo virou.
- O lanche foi bem caprichado!
- A professora fez a chamada no início da aula.

Dudu 
- As canetas estão dentro do estojo.
- O suco ficou fora da geladeira.
- As chuteiras molhou com a chuva que caiu durante o jogo.

a) Sublinhe aquelas em que a concordância entre substantivo e verbo não foi respeitada.

b) Copie as frases que você sublinhou, corrigindo-as.

Beto ➡ _____

Bel ➡ _____

Dudu ➡ _____

7 Respeite a concordância e forme frases ligando as colunas.

A   uiva em noite de lua cheia.

As   voam na noite escura.

O   sonhou a noite toda.

Para falar e escrever melhor

Ortografia — ISAR e IZAR

1 Leia a letra deste *rap* que os alunos do 7º ano escreveram.

> Aí, moçada! O mundo pede pra avisar...

> A água tá escassa!

> Vamos economizar!

- Continue a escrever a letra do *rap* usando as palavras do quadro abaixo.

> profetizar   analisar   utilizar

O papo é muito sério / você deve _____.

Evitar desperdício / quando a água _____.

Se continuar assim... / ninguém quer _____,

mas tá na cara, tá ruim, / ela pode acabar!

a) Cante esse *rap* com os colegas.

b) Copie da letra os verbos terminados em **isar**.
_____

c) De quais palavras se originam esses verbos?
_____

d) Essas palavras apresentam a letra **s**? _____

e) Copie da letra do *rap* os verbos terminados em **izar**.
_____

f) De quais palavras se originam esses verbos?
_____
_____

g) Essas palavras apresentam a letra **s**? _____

Para falar e escrever melhor

2 Complete a regra para o emprego de *isar* e *izar* considerando o que você observou na atividade anterior.

Emprega-se a terminação _____ para formar verbos que têm origem em palavras que já apresentam a letra **s** na sílaba final; para formar verbos originados de palavras que não apresentam essa letra na sílaba final, emprega-se _____.

3 Forme verbos.

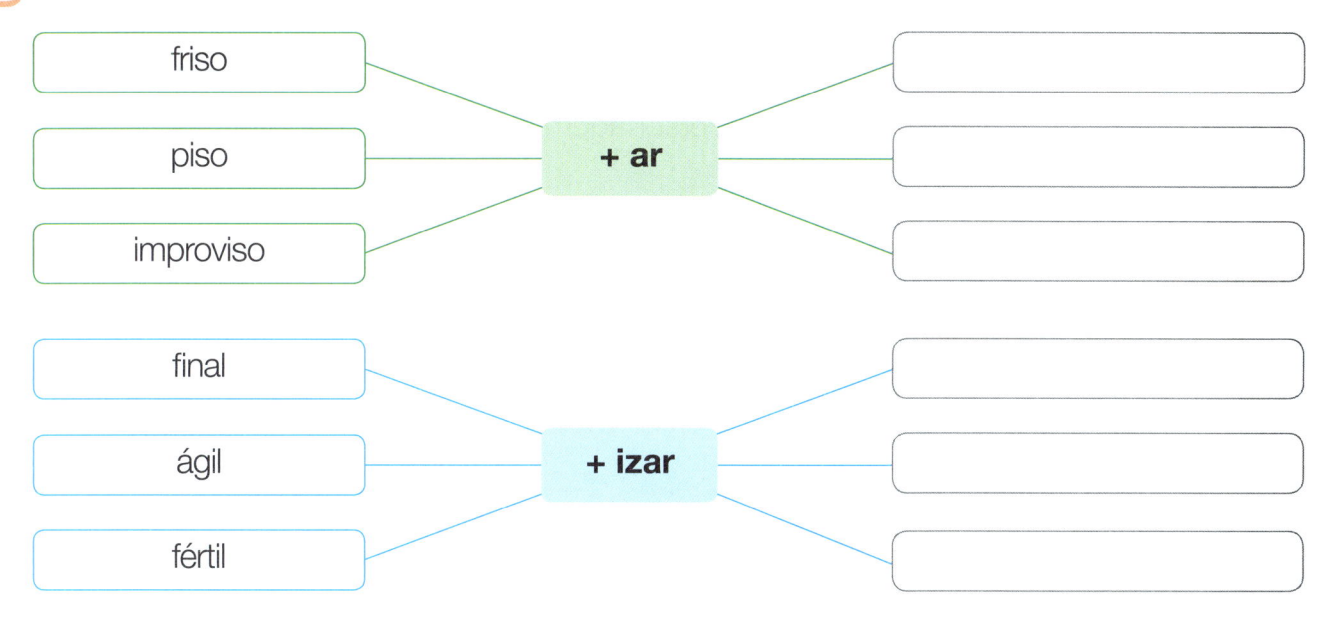

- friso → + ar → _____
- piso → + ar → _____
- improviso → + ar → _____

- final → + izar → _____
- ágil → + izar → _____
- fértil → + izar → _____

4 Complete as frases com os verbos da atividade 3.

a) A monitora teve de _____ muitas brincadeiras.

b) Para _____ a festa, haverá uma grande queima de fogos.

c) O professor fez questão de _____ que todos os alunos devem participar da feira cultural.

d) Os agricultores usam adubo para _____ o solo.

e) É melhor você _____ o trabalho; já está tarde.

f) Está escrito na placa do jardim: "Favor não _____ na grama!".

Não confunda! C, S, SS

____elulite   pê____ego   ____ereia   pen____amento

a____eso   trave____a   infân____ia   su____e____o

Para falar e escrever melhor

Oficina das palavras — Concordando pessoa e verbo

1 Leia.

Esta é a história de uma aventura que eu vivi sem querer.

Eu estava sem saber o que fazer. Foi quando vi um trem apitando ao longe, chegando mais perto, até parar na estação.

Resolvi então entrar num vagão só para ver o que poderia acontecer. [...]

> Kátia Canton. *O trem da história*. São Paulo: Companhia das Letrinhas, 2003. Texto adaptado.

a) O narrador da história é também personagem ou não participa dos acontecimentos?

_____

b) Como você descobriu isso?

_____
_____
_____
_____

2 Agora, copie o texto da atividade 1 como se você e um colega contassem a história.

Para falar e escrever melhor

Comunicação oral — Entrevistando

Será que vamos à escola apenas para estudar? Com certeza a resposta é não.

Além de estudar, quando estamos na escola, aprendemos a conviver em grupos e nos relacionamos com pessoas diferentes de nós. E, para que essa convivência seja boa, precisamos respeitar algumas regras.

Na sua escola há regras de convivência? Os alunos sabem o que podem e o que não podem fazer? Conhecem seus direitos e seus deveres como estudantes?

1 Para descobrir o que os alunos sabem sobre o que podem e o que não podem fazer na escola, você vai entrevistar um colega de outro ano.

- Elabore perguntas claras e objetivas com a classe e o professor.
- Decidam quem cada um de vocês vai entrevistar e sigam o roteiro de perguntas elaborado pela classe.
- Antes de entrevistar o colega, pergunte a ele se concorda em dar a entrevista.
- Lembre-se de agradecer ao entrevistado por ele ter colaborado com seu trabalho.

Ouça o entrevistado com atenção e respeito!

No final das entrevistas, você terá importantes informações sobre o que os alunos sabem acerca de seus direitos e seus deveres na escola.

2 Depois das entrevistas, decidam como vocês vão compartilhar as informações obtidas.

Autoavaliação	👍	👎
Contribuí na elaboração das perguntas para a entrevista?		
Segui o roteiro de perguntas?		
Precisei criar novas perguntas durante a entrevista?		
Participei do encerramento da atividade?		

TEXTO 2

Você vai ler um **texto expositivo**. Observe como são descritos os diferentes tipos de piso tátil.

LER PARA APRENDER

Respeitando o piso tátil

A norma técnica NBR 9050/2004 caracteriza o piso tátil pela diferenciação de textura em relação ao piso do lugar. Ele é instalado para servir de alerta ou de linha-guia perceptível por pessoas com deficiência visual.

Assim, há dois tipos de piso tátil: o de **alerta** (com bolinhas salientes) e o **direcional** (com faixas lineares em relevo). O piso tátil deve ter, ainda, **cor contrastante** em relação às áreas próximas para permitir a orientação de pessoas com baixa visão. Essa cor diferenciada também serve de alerta para que pessoas que enxergam não utilizem esse recurso.

O **piso tátil de alerta** deve ser instalado em rebaixamento de guias, no início e término de escadas e rampas, próximo a portas e sempre que houver algum obstáculo suspenso ou outros desníveis que possam provocar acidentes a uma pessoa que não os enxergue.

O **piso tátil direcional** orienta a locomoção de pessoas com deficiência visual que sentem as faixas com os pés ou com bengala longa. Portanto, quando há esse tipo de piso, é provável que pessoas com deficiência visual transitem por lá.

Então, se você estiver em uma calçada que tenha piso tátil, evite andar por ele. Dessa maneira, você colabora com a mobilidade das pessoas com deficiência visual e evita que elas esbarrem sem querer em você, poupando-as de situações constrangedoras e atrasos, que percam bengalas, por quebrá-las ou empená-las no choque, e que sofram acidentes mais graves, como colidir com um poste ou cair na rua ou na via de um trem ao tentar desviar de você.

Se você não precisa, deixe o piso tátil livre. Não é simples?

Piso tátil direcional e piso tátil de alerta. São Paulo, 2013.

Disponível em: <http://mod.lk/pisotati>. Acesso em: 18 jun. 2018. Texto adaptado.

Para compreender o texto

Um pouco de conversa

1 Converse com os colegas.

a) Você já viu um piso tátil? Onde?

b) Observe novamente a foto da página anterior e descreva a cena.

c) Você já viu uma situação parecida com a da foto? Onde?

d) O que você faria se visse alguém desrespeitando o piso tátil?

e) As explicações do texto vão alterar alguma coisa na sua atitude em relação às pessoas com dificuldades de visão? Comente.

Compreensão

> **Fique sabendo**
>
> O **texto expositivo** pode utilizar a descrição para explicar um assunto.
>
> Por meio da descrição, as características, as funções e a importância de um lugar, objeto ou pessoa são apresentadas de modo organizado.

2 O que está sendo descrito no texto?

_____

3 Quais são os dois tipos de piso tátil apresentados? Indique-os na foto.

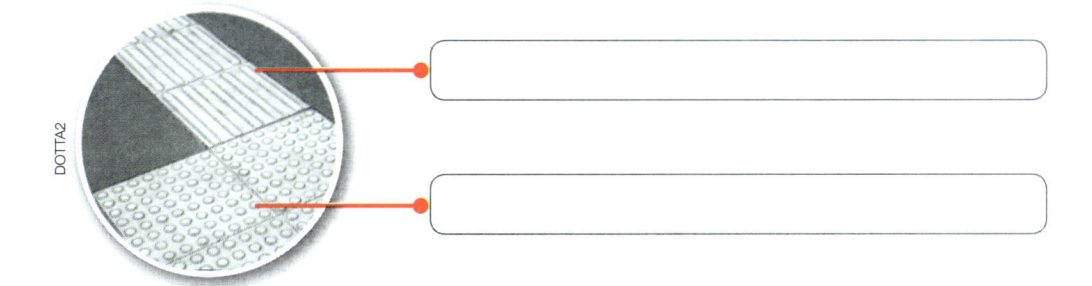

4 Que pessoas são beneficiadas por esses pisos?

_____

_____

_____

Para compreender o texto

5 Complete o gráfico com os tipos de piso tátil, suas características e funções.

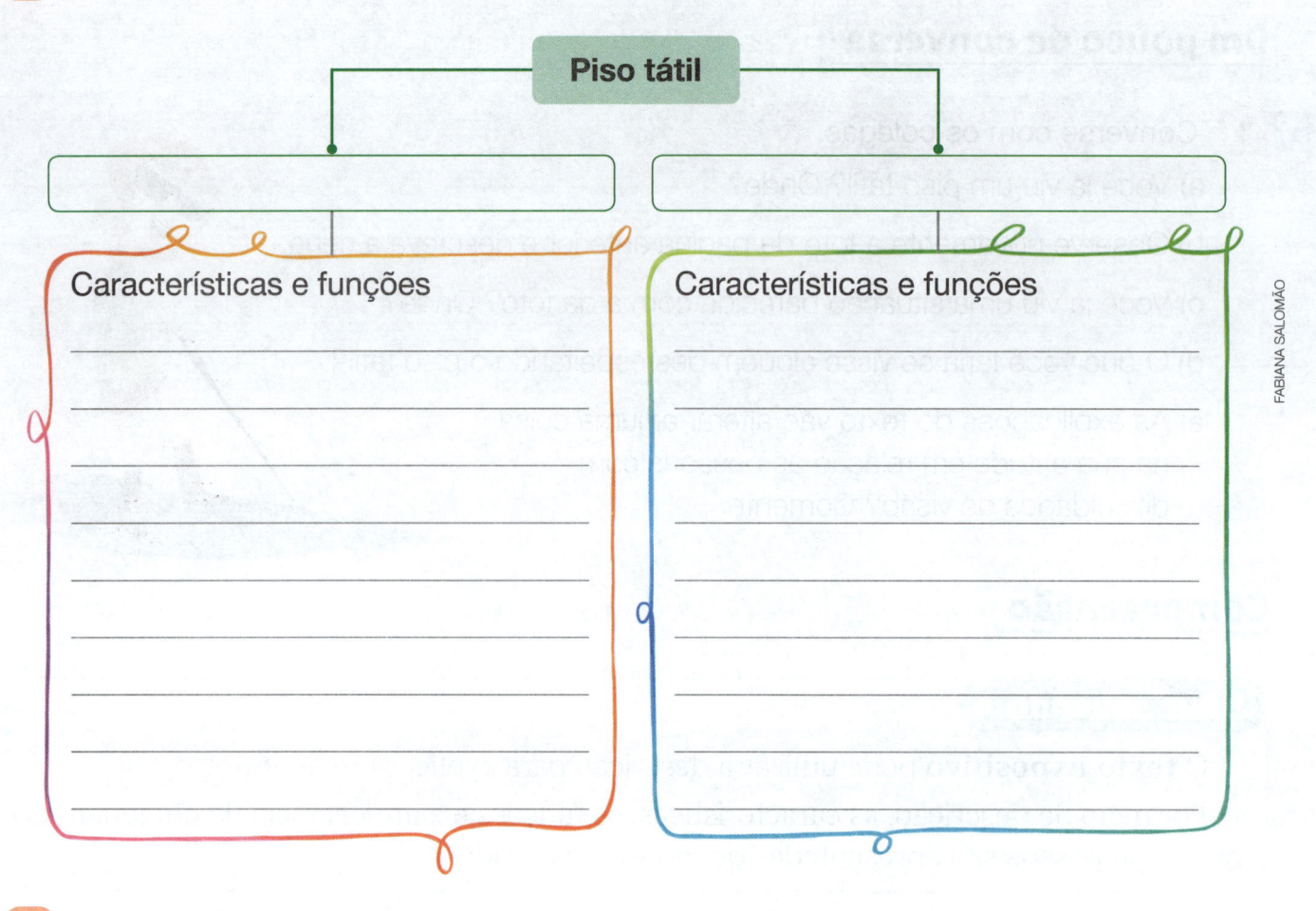

```
                    Piso tátil
        ┌──────────────┴──────────────┐
   ┌─────────┐                   ┌─────────┐
   │         │                   │         │
   └─────────┘                   └─────────┘
```

Características e funções
_____
_____
_____
_____
_____
_____
_____
_____

Características e funções
_____
_____
_____
_____
_____
_____
_____
_____

6 Pela informação dada no texto, o piso tátil lhe parece uma medida necessária?
_____
_____
_____

7 Que orientação é dada na conclusão do texto?
_____

8 Você sabe o que significam as placas táteis ao lado? Onde elas costumam ser encontradas?
_____
_____
_____
_____

Para compreender o texto

9 A norma técnica NBR 9050/2004, mencionada no texto, segue o padrão internacional dos símbolos de acessibilidade. Observe.

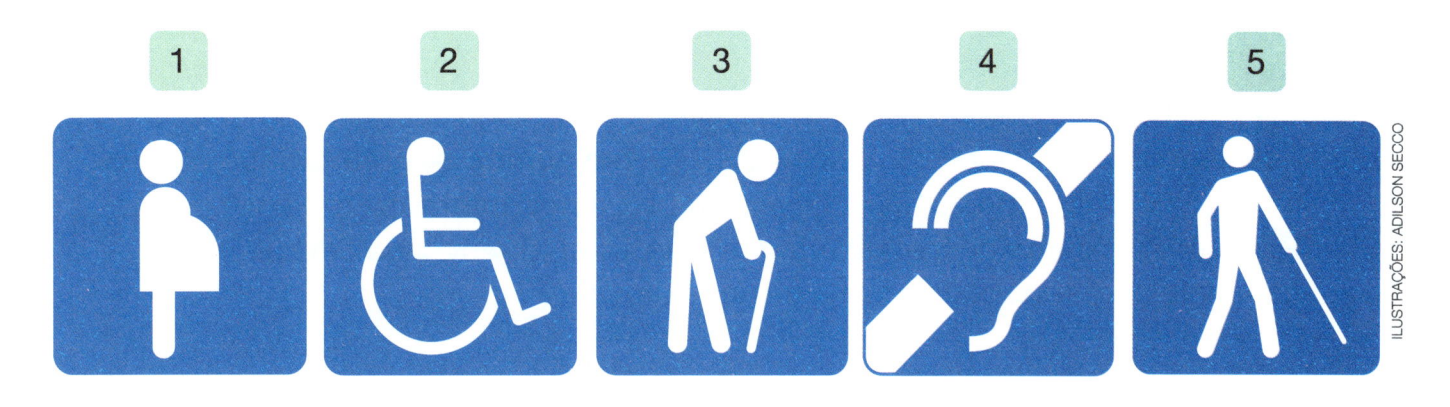

1 2 3 4 5

- Relacione cada símbolo ao seu significado. Escreva o número correspondente no quadrinho.

    ☐ Acessibilidade para pessoas com deficiência ou mobilidade reduzida.

    ☐ Acessibilidade para pessoas com deficiência visual.

    ☐ Acessibilidade para pessoas com deficiência auditiva.

    ☐ Acessibilidade para pessoas idosas.

    ☐ Acessibilidade para gestantes.

De olho na linguagem

10 Releia este trecho do texto *Respeitando o piso tátil*.

> A norma técnica NBR 9050/2004 caracteriza o piso tátil pela diferenciação de textura em relação ao piso do lugar. Ele é instalado para servir de alerta ou de linha-guia perceptível por pessoas com deficiência visual.

a) Copie o adjetivo que caracteriza o tipo de piso que está sendo descrito.

_____

b) Esse adjetivo é derivado de qual substantivo?

_____

c) Qual palavra nesse trecho está relacionada à resposta que você deu no item **b**?

_____

Para falar e escrever melhor

Gramática — Tempos verbais: presente, passado e futuro

1 Releia outro trecho do discurso de Malala.

> **Vivemos** na era moderna, o século XXI, e **passamos** a **acreditar** que nada **é** impossível. **Chegamos** à Lua e talvez em breve **pousaremos** em Marte. Então, neste século, **temos** de **insistir** em que o nosso sonho de uma educação de qualidade para todos também se torne realidade. [...]

Disponível em: <http://mod.lk/discurso>.
Acesso em: 18 jun. 2018.

a) O que Malala espera que aconteça neste século?

_____

b) Dos verbos destacados, circule os que estão no infinitivo.

c) Copie os demais verbos de acordo com os tempos indicados.

Presente: _____

Passado: _____

Futuro: _____

O **verbo** é flexionado para indicar o **tempo** em que um fato acontece.

- **Presente**: indica um fato que ocorre no momento em que se fala.
  Exemplo: *Malala **luta** pela educação das crianças.*

- **Passado** (ou **pretérito**): indica um fato ocorrido antes do momento em que se fala.
  Exemplo: *Malala **lutou** pela educação das crianças.*

- **Futuro**: indica um fato que ocorrerá após o momento em que se fala.
  Exemplo: *Malala **lutará** pela educação das crianças.*

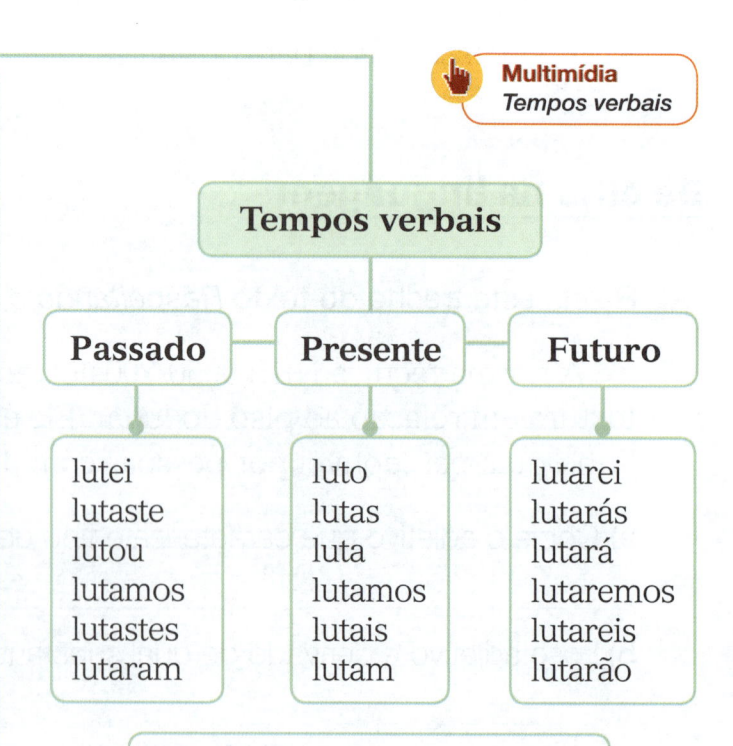

Multimídia
Tempos verbais

Tempos verbais

Passado	Presente	Futuro
lutei	luto	lutarei
lutaste	lutas	lutarás
lutou	luta	lutará
lutamos	lutamos	lutaremos
lutastes	lutais	lutareis
lutaram	lutam	lutarão

Veja modelos de conjugação verbal nas páginas 204 a 206.

Para falar e escrever melhor

2 Leia o texto.

Minhas férias, pula uma linha, parágrafo

O primeiro dia de aula é o que eu mais gosto em segundo lugar. O que eu mais gosto em primeiro lugar é o último, porque no dia seguinte chegam as férias.

Os dois são os melhores dias da escola porque a gente nem tem aula. No primeiro dia não dá para ter aula porque o nosso corpo está na escola, mas a nossa cabeça ainda está nas férias. E no último também não dá para ter aula porque o nosso corpo está na escola, mas a nossa cabeça já está nas férias. [...]

Christiane Gribel. Em *Historinhas pescadas*.
São Paulo: Moderna, 2002. (Literatura em minha casa, 2).

a) Você concorda com a autora do texto? Por quê?

b) Para você, quais são os melhores dias da escola?

_____

_____

c) Copie os verbos que aparecem no texto.

_____

_____

d) Em que tempo estão esses verbos? _____

3 Reescreva esta frase usando os verbos no passado.

> Eu gosto muito do último dia de aula porque no dia seguinte chegam as férias.

_____

_____

4 Complete as frases.

a) Ontem eu estudei, amanhã eu _____.

b) Ontem elas viajaram, amanhã elas _____.

c) Ontem você partiu, amanhã você _____.

d) Domingo passado, não saímos, mas, no próximo, _____.

e) Tu não brincaste de manhã, mas, mais tarde, _____.

Para falar e escrever melhor

5 Complete as frases com os verbos no tempo indicado.

cantar – presente

Eu _____. Ela _____. Nós _____.

comer – passado

Eu já _____! Ele já _____? Eles já _____.

abrir – futuro

Eu _____ a porta. Eles _____ a porta. Nós _____ a porta.

6 Sublinhe os verbos.

- Depois, marque as frases com P (presente), PA (passado) ou F (futuro), conforme o tempo em que os verbos estão flexionados.

☐ Amanhã as meninas escolherão os livros de leitura.

☐ Ontem os alunos estudaram na biblioteca da escola.

☐ Minha professora sempre conta histórias interessantes.

☐ Os meninos saíram da sala acompanhados.

☐ Na próxima aula, o professor lerá um poema.

☐ No recreio, elas repartem a merenda com as amigas.

☐ O pai comprou um livro de contos para os filhos.

Esquina da poesia

Todos esses que aí estão
Atravancando o meu caminho,
Eles passarão...
Eu passarinho!

Mário Quintana. Poeminha do contra. Em *Prosa & Verso*. Porto Alegre: Globo, 1978.

Para falar e escrever melhor

Ortografia — Terminações AM e ÃO

1 Leia esta estrofe do poema "Quem sempre foi, sempre será".

Os políticos prometem
Se ganharem a eleição.
Se mentiram no passado,
No futuro mentirão!
[...]

Pedro Bandeira. *Mais respeito,
eu sou criança!*. São Paulo: Moderna, 2002.

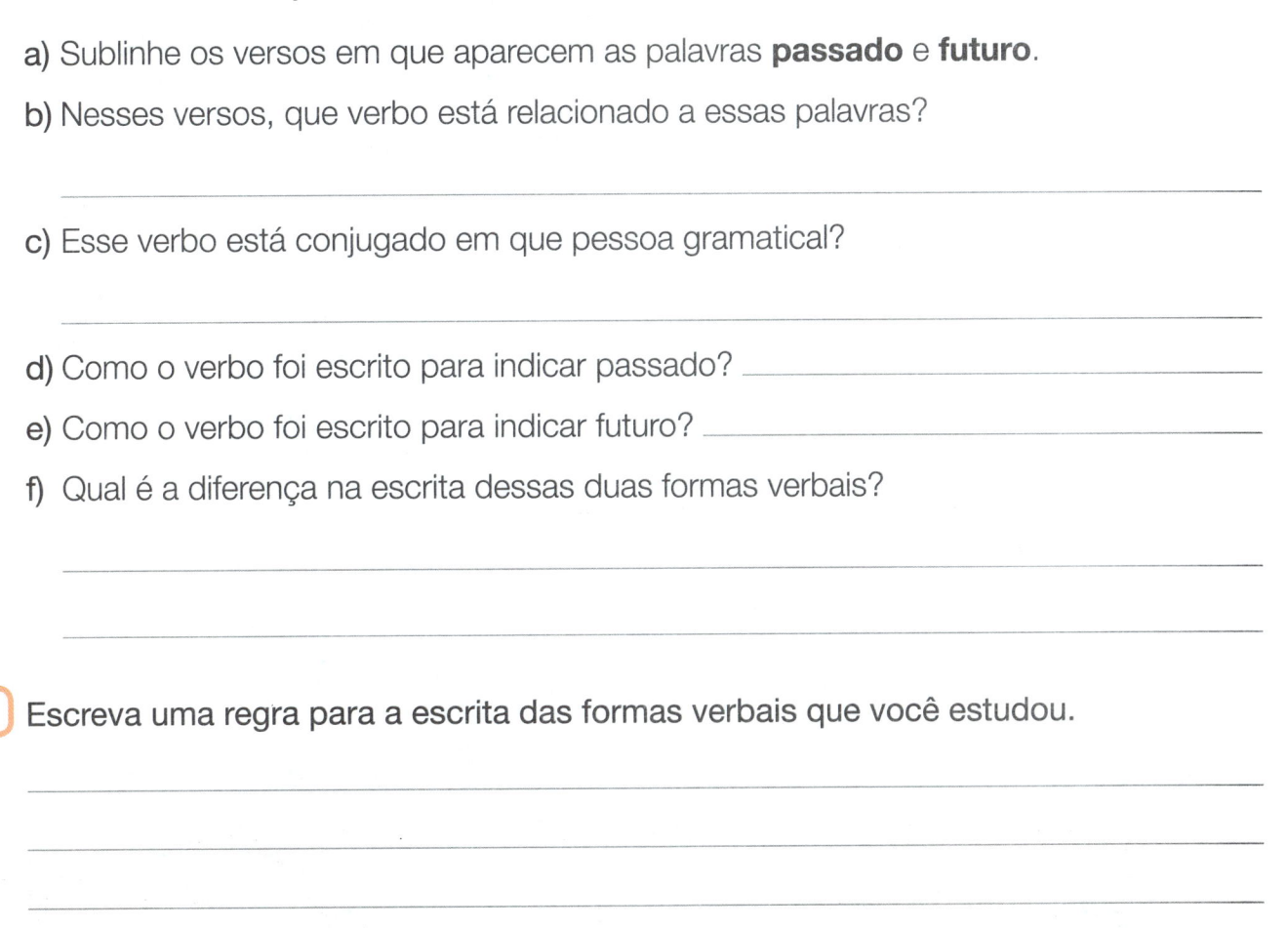

a) Sublinhe os versos em que aparecem as palavras **passado** e **futuro**.

b) Nesses versos, que verbo está relacionado a essas palavras?
_____

c) Esse verbo está conjugado em que pessoa gramatical?
_____

d) Como o verbo foi escrito para indicar passado? _____

e) Como o verbo foi escrito para indicar futuro? _____

f) Qual é a diferença na escrita dessas duas formas verbais?
_____
_____
_____

2 Escreva uma regra para a escrita das formas verbais que você estudou.
_____
_____
_____

3 Complete as frases com o verbo entre parênteses na forma adequada.

• Fique atento à terminação.

a) Ontem, as crianças _____ sem jantar. (dormir)

b) Amanhã, os pássaros _____ frutas com a ração. (comer)

c) Na próxima aula, os alunos _____ um piquenique. (combinar)

d) No ano passado, as chuvas _____ as plantações. (castigar)

Para falar e escrever melhor

Memória visual

Aventura espacial

Ajude o astronauta a completar sua missão espacial.

- Resgate as caixas de suprimentos completando os verbos com **s** ou **z**.
- Para chegar à nave espacial, complete as frases escrevendo os verbos no passado ou no futuro.

improvi_____ar

repri_____ar

atuali_____ar

pesqui_____ar

agili_____ar

moderni_____ar

avi_____ar

energi_____ar

Para falar e escrever melhor

Amanhã os meninos _____ (refletir) sobre os desafios de hoje.

Ontem as crianças _____ (persistir) no jogo.

Amanhã _____ (começar) as provas?

Em 2014, minhas amigas _____ (viajar) para a Itália.

Na aula anterior, os alunos _____ (esclarecer) suas dúvidas.

locali_____ar

coloni_____ar

fri_____ar

COMUNICAÇÃO ESCRITA

Hora de produzir um texto! Vá para a página 44 do **Caderno do Escritor**.

201

Tabelas de gramática

Algumas locuções adjetivas e os adjetivos correspondentes

das estrelas = estelar	de gelo = glacial
de boca = bucal, oral	de idade = etário
de cabeça = cefálico	de dedo = digital
de cachorro = canino	de leão = leonino
de cidade = citadino, urbano	de coragem = corajoso
de cozinha = culinária	da água = aquático
de criança = pueril	de abdômen = abdominal
de gato = felino	de casamento = conjugal
de pai = paterno	de cabelo = capilar
de porco = suíno	do campo = campestre
de rei = real	de cabra = caprino
do céu = celeste	de visão = ótico ou óptico
do espírito = espiritual	sem capa = desencapado
dos astros = sideral	sem sono = insone

Exemplos de adjetivos no grau superlativo sintético

amável: amabilíssimo	livre: libérrimo
amigo: amicíssimo	magro: macérrimo, magérrimo ou magríssimo
antigo: antiquíssimo	negro: nigérrimo ou negríssimo
áspero: aspérrimo	nobre: nobilíssimo
benéfico: beneficentíssimo	original: originalíssimo
capaz: capacíssimo	pessoal: personalíssimo
comum: comuníssimo	pobre: paupérrimo ou pobríssimo
cruel: crudelíssimo	provável: probabilíssimo
doce: dulcíssimo ou docíssimo	sábio: sapientíssimo
fácil: facílimo	sagrado: sacratíssimo

feliz: felicíssimo	são: saníssimo
fiel: fidelíssimo	simpático: simpaticíssimo
frio: frigidíssimo ou friíssimo	terrível: terribilíssimo
humilde: humílimo	triste: tristíssimo
inteligente: inteligentíssimo	volúvel: volubilíssimo

Alguns pronomes de tratamento		
Abreviatura	Tratamento	Usado para
Sr. / Sra. / Srs. / Sras.	senhor(es), senhora(s)	Pessoas que merecem respeito ou de quem exigimos respeito
V. Mag.ª	Vossa Magnificência	Reitores de universidades
V. Em.ª	Vossa Eminência	Cardeais
V. Ex.ª	Vossa Excelência	Altas autoridades do governo e oficiais generais das Forças Armadas
V. Ex.ª Rev.ma	Vossa Excelência Reverendíssima	Bispos e arcebispos
V. M.	Vossa Majestade	Reis, imperadores
V. P.	Vossa Paternidade	Abades, superiores de conventos
V. Rev.ª V. Rev.ma	Vossa Reverência ou Vossa Reverendíssima	Sacerdotes em geral
V. S.	Vossa Santidade	Papa
V. S.ª	Vossa Senhoria	Funcionários públicos graduados, oficiais até coronel

Modelo da 1ª conjugação verbal – Modo indicativo

Os verbos regulares terminados em AR seguem o modelo de conjugação do verbo CANTAR.

Presente	Pretérito perfeito	Pretérito imperfeito	Pretérito mais--que-perfeito	Futuro do presente	Futuro do pretérito
canto	cantei	cantava	cantara	cantarei	cantaria
cantas	cantaste	cantavas	cantaras	cantarás	cantarias
canta	cantou	cantava	cantara	cantará	cantaria
cantamos	cantamos	cantávamos	cantáramos	cantaremos	cantaríamos
cantais	cantastes	cantáveis	cantáreis	cantareis	cantaríeis
cantam	cantaram	cantavam	cantaram	cantarão	cantariam

Modelo da 2ª conjugação verbal – Modo indicativo

Os verbos regulares terminados em ER seguem o modelo de conjugação do verbo BEBER.

Presente	Pretérito perfeito	Pretérito imperfeito	Pretérito mais--que-perfeito	Futuro do presente	Futuro do pretérito
bebo	bebi	bebia	bebera	beberei	beberia
bebes	bebeste	bebias	beberas	beberás	beberias
bebe	bebeu	bebia	bebera	beberá	beberia
bebemos	bebemos	bebíamos	bebêramos	beberemos	beberíamos
bebeis	bebestes	bebíeis	bebêreis	bebereis	beberíeis
bebem	beberam	bebiam	beberam	beberão	beberiam

Modelo da 3ª conjugação verbal – Modo indicativo

Os verbos regulares terminados em IR seguem o modelo de conjugação do verbo PARTIR.

Presente	Pretérito perfeito	Pretérito imperfeito	Pretérito mais--que-perfeito	Futuro do presente	Futuro do pretérito
parto	parti	partia	partira	partirei	partiria
partes	partiste	partias	partiras	partirás	partirias
parte	partiu	partia	partira	partirá	partiria
partimos	partimos	partíamos	partíramos	partiremos	partiríamos
partis	partistes	partíeis	partíreis	partireis	partiríeis
partem	partiram	partiam	partiram	partirão	partiriam

Alguns modelos de verbos irregulares – Modo indicativo
Verbo SER

Presente	Pretérito perfeito	Pretérito imperfeito	Pretérito mais--que-perfeito	Futuro do presente	Futuro do pretérito
sou	fui	era	fora	serei	seria
és	foste	eras	foras	serás	serias
é	foi	era	fora	será	seria
somos	fomos	éramos	fôramos	seremos	seríamos
sois	fostes	éreis	fôreis	sereis	seríeis
são	foram	eram	foram	serão	seriam

Verbo ESTAR

Presente	Pretérito perfeito	Pretérito imperfeito	Pretérito mais--que-perfeito	Futuro do presente	Futuro do pretérito
estou	estive	estava	estivera	estarei	estaria
estás	estiveste	estavas	estiveras	estarás	estarias
está	esteve	estava	estivera	estará	estaria
estamos	estivemos	estávamos	estivéramos	estaremos	estaríamos
estais	estivestes	estáveis	estivéreis	estareis	estaríeis
estão	estiveram	estavam	estiveram	estarão	estariam

Verbo IR

Presente	Pretérito perfeito	Pretérito imperfeito	Pretérito mais--que-perfeito	Futuro do presente	Futuro do pretérito
vou	fui	ia	fora	irei	iria
vais	foste	ias	foras	irás	irias
vai	foi	ia	fora	irá	iria
vamos	fomos	íamos	fôramos	iremos	iríamos
ides	fostes	íeis	fôreis	ireis	iríeis
vão	foram	iam	foram	irão	iriam

Verbo TER

Presente	Pretérito perfeito	Pretérito imperfeito	Pretérito mais-que-perfeito	Futuro do presente	Futuro do pretérito
tenho	tive	tinha	tivera	terei	teria
tens	tiveste	tinhas	tiveras	terás	terias
tem	teve	tinha	tivera	terá	teria
temos	tivemos	tínhamos	tivéramos	teremos	teríamos
tendes	tivestes	tínheis	tivéreis	tereis	teríeis
têm	tiveram	tinham	tiveram	terão	teriam

Verbo HAVER

Presente	Pretérito perfeito	Pretérito imperfeito	Pretérito mais-que-perfeito	Futuro do presente	Futuro do pretérito
hei	houve	havia	houvera	haverei	haveria
hás	houveste	havias	houveras	haverás	haverias
há	houve	havia	houvera	haverá	haveria
havemos	houvemos	havíamos	houvéramos	haveremos	haveríamos
haveis	houvestes	havíeis	houvéreis	havereis	haveríeis
hão	houveram	haviam	houveram	haverão	haveriam

Verbo FAZER

Presente	Pretérito perfeito	Pretérito imperfeito	Pretérito mais-que-perfeito	Futuro do presente	Futuro do pretérito
faço	fiz	fazia	fizera	farei	faria
fazes	fizeste	fazias	fizeras	farás	farias
faz	fez	fazia	fizera	fará	faria
fazemos	fizemos	fazíamos	fizéramos	faremos	faríamos
fazeis	fizestes	fazíeis	fizéreis	fareis	faríeis
fazem	fizeram	faziam	fizeram	farão	fariam

Numerais			
Algarismos romanos	Algarismos arábicos	Cardinais	Ordinais
I	1	um	primeiro
II	2	dois	segundo
III	3	três	terceiro
IV	4	quatro	quarto
V	5	cinco	quinto
VI	6	seis	sexto
VII	7	sete	sétimo
VIII	8	oito	oitavo
IX	9	nove	nono
X	10	dez	décimo
XI	11	onze	décimo primeiro (ou undécimo)
XII	12	doze	décimo segundo (ou duodécimo)
XIII	13	treze	décimo terceiro
XIV	14	catorze (ou quatorze)	décimo quarto
XV	15	quinze	décimo quinto
XVI	16	dezesseis	décimo sexto
XVII	17	dezessete	décimo sétimo
XVIII	18	dezoito	décimo oitavo
XIX	19	dezenove	décimo nono
XX	20	vinte	vigésimo
XXX	30	trinta	trigésimo
XL	40	quarenta	quadragésimo
L	50	cinquenta	quinquagésimo
LX	60	sessenta	sexagésimo
LXX	70	setenta	septuagésimo (ou setuagésimo)
LXXX	80	oitenta	octogésimo
XC	90	noventa	nonagésimo
C	100	cem	centésimo
CC	200	duzentos	ducentésimo
CCC	300	trezentos	trecentésimo (ou tricentésimo)
CD	400	quatrocentos	quadringentésimo
D	500	quinhentos	quingentésimo
DC	600	seiscentos	seiscentésimo (ou sexcentésimo)
DCC	700	setecentos	septingentésimo (ou setingentésimo)
DCCC	800	oitocentos	octingentésimo
CM	900	novecentos	nongentésimo (ou noningentésimo)
M	1.000	mil	milésimo

Multiplicativos	Fracionários
duplo, dobro, dúplice; triplo, tríplice; quádruplo; quíntuplo;	meio, metade; terço; quarto; quinto; sexto;
sêxtuplo; séptuplo; óctuplo; nônuplo; décuplo; cêntuplo	sétimo; oitavo; nono; décimo; centésimo

Projeto LUMIRÁ
GEOGRAFIA 5

MINIATLAS
Geografia do Brasil

editora ática

editora ática

Diretoria editorial
Lidiane Vivaldini Olo

Gerência editorial
Luiz Tonolli

Editoria de Ciências Humanas
Heloisa Pimentel

Edição
Maria Luísa Nacca
Lucas Abrami (assist.) e Mariana Renó Faria (estag.)

Gerência de produção editorial
Ricardo de Gan Braga

Arte
Andréa Dellamagna (coord. de criação),
Talita Guedes (progr. visual de capa e miolo),
Claudio Faustino (coord.),
Yong Lee Kim (editora) e
Luiza Massucato (diagram.)

Revisão
Hélia de Jesus Gonsaga (ger.),
Rosângela Muricy (coord.),
Patrícia Travanca, Paula Teixeira de Jesus
e Gabriela Macedo de Andrade

Iconografia
Sílvio Kligin (superv.),
Denise Durand Kremer (coord.),
Iron Mantovanello (pesquisa),
Cesar Wolf e Fernanda Crevin (tratamento de imagem)

Ilustrações
Estúdio Icarus – Criação de Imagem (capa),
Adilson Farias (miolo)

Cartografia
Eric Fuzii, Loide Edelweiss Iizuka e Márcio Souza

Direitos desta edição cedidos à Editora Ática S.A.
Avenida das Nações Unidas, 7221, 3º andar, Setor A
Pinheiros – São Paulo – SP – CEP 05425-902
Tel.: 4003-3061
www.atica.com.br / editora@atica.com.br

Dados Internacionais de Catalogação na Publicação (CIP)
(Câmara Brasileira do Livro, SP, Brasil)

Projeto Lumirá : geografia : 2º ao 5º ano /
obra coletiva da Editora Ática ; editor
responsável : Heloisa Pimentel . – 2. ed. –
São Paulo : Ática, 2016. – (Projeto Lumirá :
geografia)

1. Geografia (Ensino fundamental) I. Pimentel,
Heloisa. II. Série.

16-01315   CDD-372.891

Índice para catálogo sistemático:
1. Geografia : Ensino fundamental 372.891

2016
ISBN 978 85 08 17856 8 (AL)
ISBN 978 85 08 17857 5 (PR)
Cód. da obra CL 739151
CAE 565921 (AL) / 565922 (PR)
2ª edição
1ª impressão

Impressão e acabamento
Corprint Gráfica e Editora Ltda.

Adilson Farias/Arquivo da editora

SUMÁRIO

Imagem de satélite 4
Planisfério político 6
Brasil: imagem de satélite de dia 8
Brasil: altitudes 9
Brasil: político 10
Brasil: distribuição da população (2011) 11
Região Norte: divisão política 12
Região Nordeste: divisão política 13
Região Centro-Oeste: divisão política 14
Região Sudeste: divisão política 15
Região Sul: divisão política 16

Imagem de satélite

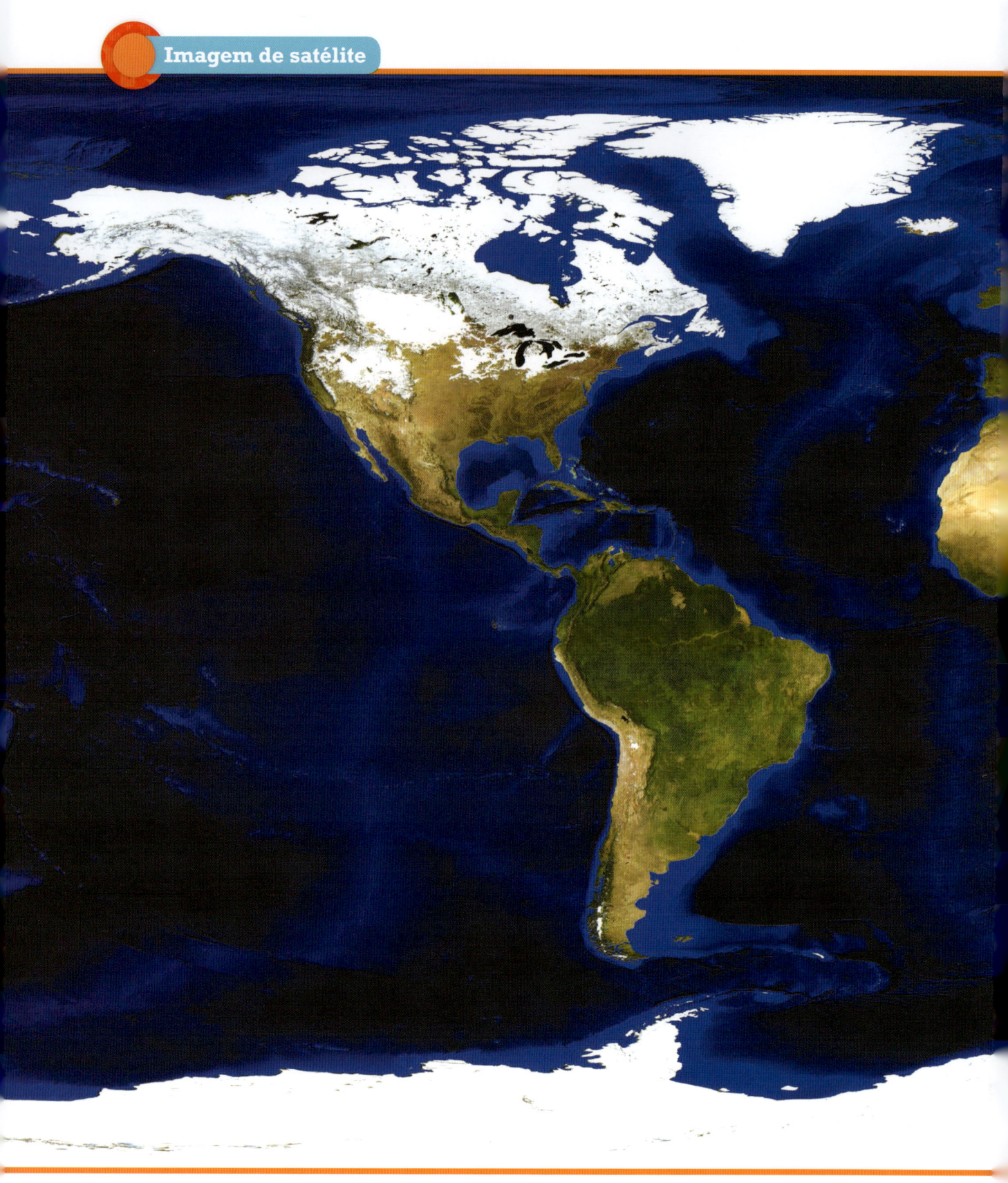

Imagem do planeta Terra produzida por meio de junção de imagens do satélite Modis. As cores não correspondem necessariamente às cores reais.

Reto Stöckli/NASA Earth Observatory

Planisfério político

LEGENDA

1. LUXEMBURGO
2. SUÍÇA
3. REPÚBLICA TCHECA
4. ESLOVÁQUIA
5. ESLOVÊNIA
6. CROÁCIA
7. BÓSNIA-HERZEGOVINA
8. SÉRVIA
9. MONTENEGRO
10. MACEDÔNIA
11. ALBÂNIA
12. GEÓRGIA
13. ARMÊNIA
14. AZERBAIJÃO

OCEANO GLACIAL ÁRTICO

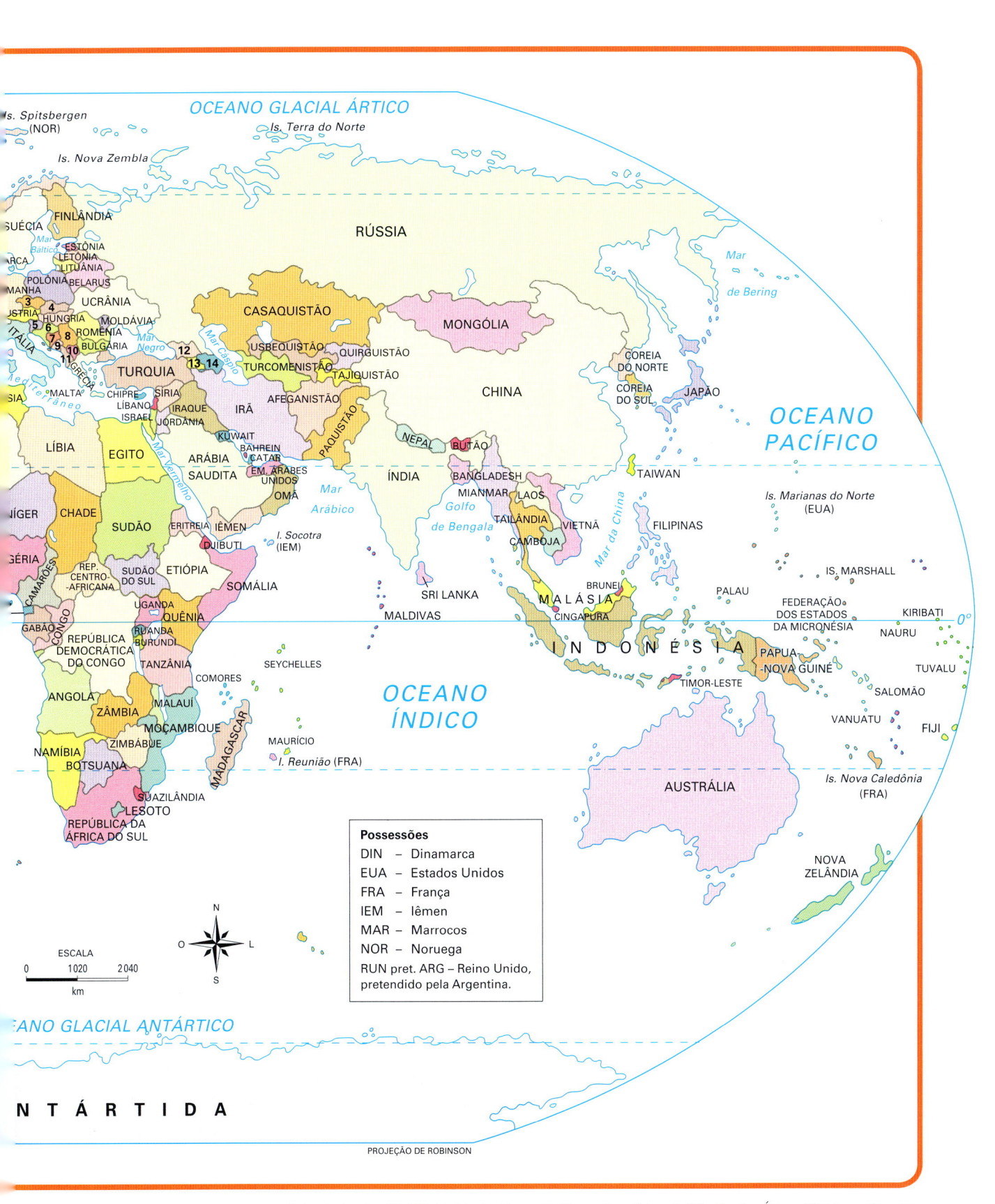

Is. Spitsbergen (NOR)
Is. Terra do Norte
Is. Nova Zembla

FINLÂNDIA
SUÉCIA
Mar Báltico
ESTÔNIA
LETÔNIA
LITUÂNIA
POLÔNIA
BELARUS
UCRÂNIA
HUNGRIA
MOLDÁVIA
ROMÊNIA
BULGÁRIA
GRÉCIA
MALTA
Mediterrâneo
CHIPRE
LÍBANO
ISRAEL
SÍRIA
IRAQUE
JORDÂNIA
Mar Negro
TURQUIA
Mar Cáspio
RÚSSIA
CASAQUISTÃO
USBEQUISTÃO
TURCOMENISTÃO
QUIRGUISTÃO
TAJIQUISTÃO
AFEGANISTÃO
IRÃ
KUWAIT
BAHREIN
CATAR
EM. ÁRABES UNIDOS
OMÃ
ARÁBIA SAUDITA
Mar Vermelho
LÍBIA
EGITO
NÍGER
CHADE
SUDÃO
ERITREIA
DJIBUTI
IÊMEN
I. Socotra (IEM)
SUDÃO DO SUL
ETIÓPIA
SOMÁLIA
REP. CENTRO-AFRICANA
CAMARÕES
GABÃO
CONGO
UGANDA
QUÊNIA
RUANDA
BURUNDI
REPÚBLICA DEMOCRÁTICA DO CONGO
TANZÂNIA
SEYCHELLES
COMORES
ANGOLA
ZÂMBIA
MALAUÍ
MOÇAMBIQUE
ZIMBÁBUE
NAMÍBIA
BOTSUANA
MADAGASCAR
MAURÍCIO
I. Reunião (FRA)
SUAZILÂNDIA
LESOTO
REPÚBLICA DA ÁFRICA DO SUL

MONGÓLIA
COREIA DO NORTE
COREIA DO SUL
JAPÃO
Mar de Bering
CHINA
NEPAL
BUTÃO
PAQUISTÃO
ÍNDIA
Mar Arábico
BANGLADESH
MIANMAR
Golfo de Bengala
LAOS
TAILÂNDIA
VIETNÃ
CAMBOJA
SRI LANKA
MALDIVAS
MALÁSIA
CINGAPURA
BRUNEI
TAIWAN
FILIPINAS
Mar da China
Is. Marianas do Norte (EUA)
PALAU
IS. MARSHALL
FEDERAÇÃO DOS ESTADOS DA MICRONÉSIA
KIRIBATI
NAURU
INDONÉSIA
PAPUA-NOVA GUINÉ
TIMOR-LESTE
TUVALU
SALOMÃO
VANUATU
FIJI
Is. Nova Caledônia (FRA)
AUSTRÁLIA
NOVA ZELÂNDIA

OCEANO PACÍFICO
OCEANO ÍNDICO
OCEANO GLACIAL ANTÁRTICO
ANTÁRTIDA

Possessões
DIN – Dinamarca
EUA – Estados Unidos
FRA – França
IEM – Iêmen
MAR – Marrocos
NOR – Noruega
RUN pret. ARG – Reino Unido, pretendido pela Argentina.

ESCALA
0   1020   2040
km

PROJEÇÃO DE ROBINSON

Adaptado de: SIMIELLI, Maria Elena R. **Geoatlas**. 34. ed. São Paulo: Ática, 2014. p. 10 e 11.

7

Brasil: imagem de satélite de dia

Adaptado de: SIMIELLI, Maria Elena R. **Geoatlas**. 34. ed. São Paulo: Ática, 2014. p. 51.

Imagem diurna do Brasil. Esta imagem de satélite mostra a complexidade das paisagens brasileiras e de países vizinhos. Nela podemos visualizar, entre outros elementos, as águas, as vegetações e as diferentes formas de relevo. Por não se tratar de uma simples fotografia, as cores que vemos na imagem não são, necessariamente, as mesmas que enxergamos nas paisagens reais. Esta imagem é um mosaico resultante de várias imagens parciais.

Brasil: altitudes

LEGENDA

▲ Picos, montes e morros
〜 Rios principais

Altitudes
- acima de 800 metros
- entre 200 e 800 metros
- entre 100 e 200 metros
- abaixo de 100 metros

ESCALA
0 — 320 — 640 km

Adaptado de: SIMIELLI, Maria Elena R. **Geoatlas**. 34. ed. São Paulo: Ática, 2014. p. 112.

Brasil: político

Adaptado de: SIMIELLI, Maria Elena R. **Geoatlas**. 34. ed. São Paulo: Ática, 2014. p. 110.

Brasil: distribuição da população (2011)

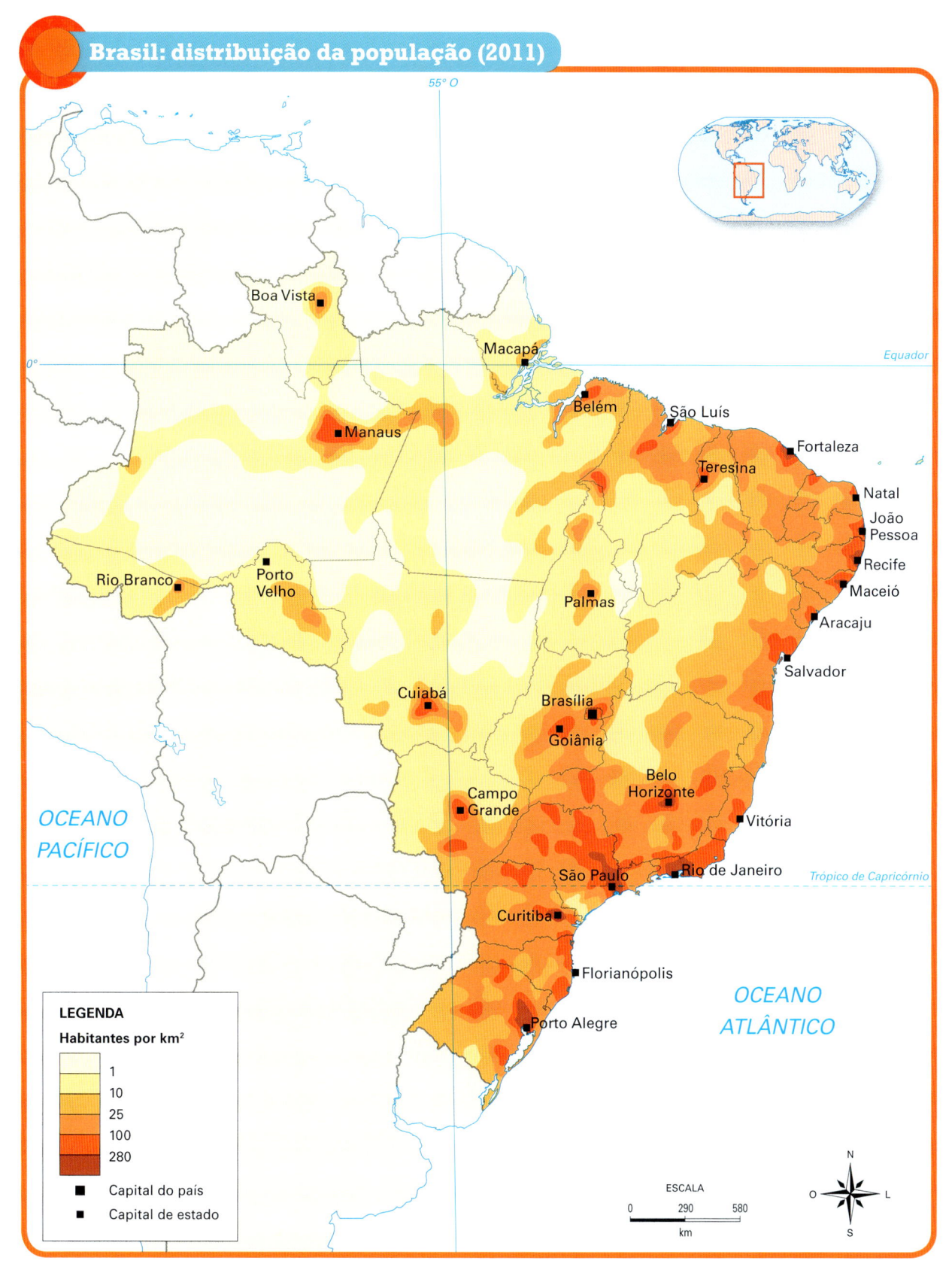

LEGENDA

Habitantes por km²
- 1
- 10
- 25
- 100
- 280

■ Capital do país
■ Capital de estado

ESCALA: 0 — 290 — 580 km

Adaptado de: FERREIRA, Graça Maria Lemos. **Atlas geográfico espaço mundial**. São Paulo: Moderna, 2013. p.131.

Região Norte: divisão política

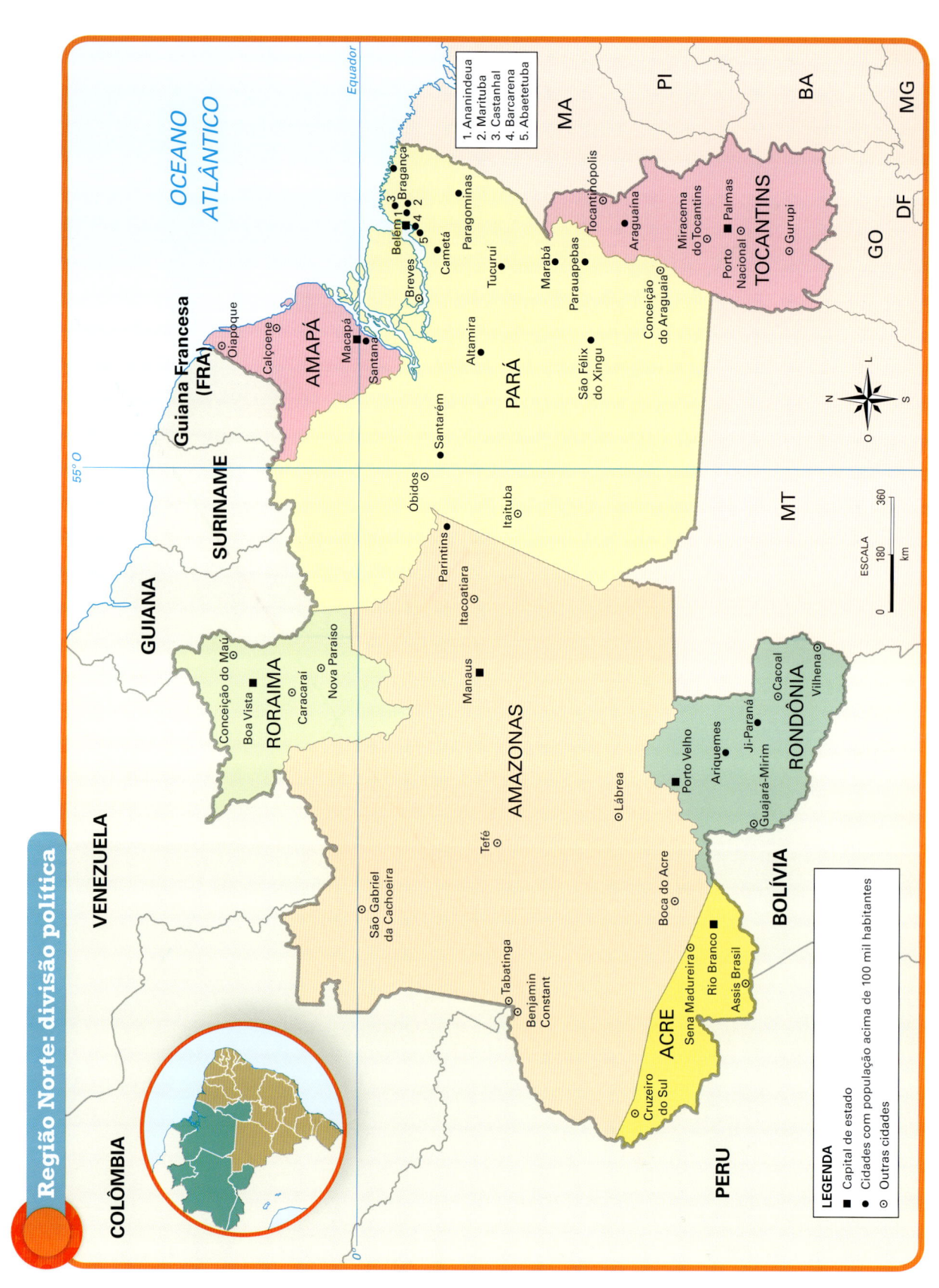

LEGENDA
- ■ Capital de estado
- ● Cidades com população acima de 100 mil habitantes
- ◦ Outras cidades

1. Ananindeua
2. Marituba
3. Castanhal
4. Barcarena
5. Abaetetuba

Países e estados limítrofes: VENEZUELA, COLÔMBIA, GUIANA, SURINAME, Guiana Francesa (FRA), OCEANO ATLÂNTICO, PERU, BOLÍVIA, MT, GO, DF, MG, BA, PI, MA.

Estados: RORAIMA, AMAPÁ, AMAZONAS, PARÁ, ACRE, RONDÔNIA, TOCANTINS.

Cidades citadas: Boa Vista, Conceição do Maú, Caracaraí, Nova Paraíso, Macapá, Santana, Oiapoque, Calçoene, Belém, Bragança, Breves, Cametá, Paragominas, Tucuruí, Altamira, Marabá, Parauapebas, São Félix do Xingu, Conceição do Araguaia, Santarém, Óbidos, Itaituba, Parintins, Itacoatiara, Manaus, Tefé, São Gabriel da Cachoeira, Tabatinga, Benjamin Constant, Lábrea, Boca do Acre, Porto Velho, Ariquemes, Ji-Paraná, Cacoal, Vilhena, Guajará-Mirim, Rio Branco, Sena Madureira, Assis Brasil, Cruzeiro do Sul, Palmas, Porto Nacional, Miracema do Tocantins, Tocantinópolis, Araguaína, Gurupi.

ESCALA 0 — 180 — 360 km

Equador; 55° O

Adaptado de: IBGE. **Atlas geográfico escolar**. 6. ed. Rio de Janeiro, 2012. p. 155-161.

12

Região Nordeste: divisão política

45° O

PA

MARANHÃO
- Pinheiro
- Paço do Lumiar
- São José de Ribamar
- São Luís
- Parnaíba
- Chapadinha
- Bacabal
- Coroatá
- Piripiri
- Codó
- Caxias
- Campo Maior
- Açailândia
- Imperatriz
- Colinas
- Timon
- Teresina
- São João dos Patos
- Carolina
- Balsas
- Floriano
- Picos

CEARÁ
- Camocim
- Itapipoca
- Sobral
- Caucaia
- Fortaleza
- Maranguape
- Maracanaú
- Canindé
- Russas
- Crateús
- Quixadá
- Quixeramobim
- Tauá
- Iguatu
- Juazeiro do Norte
- Crato

RIO GRANDE DO NORTE
- Areia Branca
- Macau
- Mossoró
- João Câmara
- Natal
- Parnamirim
- Pau dos Ferros
- Currais Novos
- Caicó
- Nova Cruz

PARAÍBA
- Cajazeiras
- Patos
- Guarabira
- Campina Grande
- João Pessoa
- Sta. Rita

PIAUÍ
- Araripina
- São Raimundo Nonato
- Petrolina
- Juazeiro

PERNAMBUCO
- Salgueiro
- Serra Telhada
- Sta. Cruz do Capibaribe
- Pesqueira
- Arcoverde
- Caruaru
- Igarassu
- Paulista
- Olinda
- Recife
- Jaboatão dos Guararapes
- Garanhuns

1. Camaragibe
2. São Lourenço da Mata
3. Vitória de Santo Antão

ALAGOAS
- União dos Palmares
- Palmeira dos Índios
- Paulo Afonso
- Arapiraca
- Maceió

SERGIPE
- Itabaiana
- Nossa Senhora do Socorro
- Aracaju
- Lagarto

BAHIA
- Corrente
- Senhor do Bonfim
- Jacobina
- Irecê
- Serrinha
- Barreiras
- Feira de Santana
- Alagoinhas
- Itaberaba
- Simões Filho
- Camaçari
- Bom Jesus da Lapa
- Lauro de Freitas
- Santo Antônio de Jesus
- Salvador
- Jequié
- Vitória da Conquista
- Itabuna
- Ilhéus
- Itapetinga
- Porto Seguro
- Eunápolis
- Itamaraju
- Teixeira de Freitas

TO, **DF**, **GO**, **MG**, **ES**

Arquipélago de Fernando de Noronha (PE)

5° S

OCEANO ATLÂNTICO

LEGENDA
- ■ Capital de estado
- ● Cidades com população acima de 100 mil habitantes
- ⊙ Outras cidades

ESCALA
0 — 120 — 240 km

Adaptado de: IBGE. **Atlas geográfico escolar**. 6. ed. Rio de Janeiro, 2012. p. 162-170.

13

Região Centro-Oeste: divisão política

Adaptado de: IBGE. **Atlas geográfico escolar**. 6. ed. Rio de Janeiro, 2012. p. 178-180.

LEGENDA
- Capital do país
- Capital de estado
- Cidades com população acima de 100 mil habitantes
- Outras cidades

Região Sudeste: divisão política

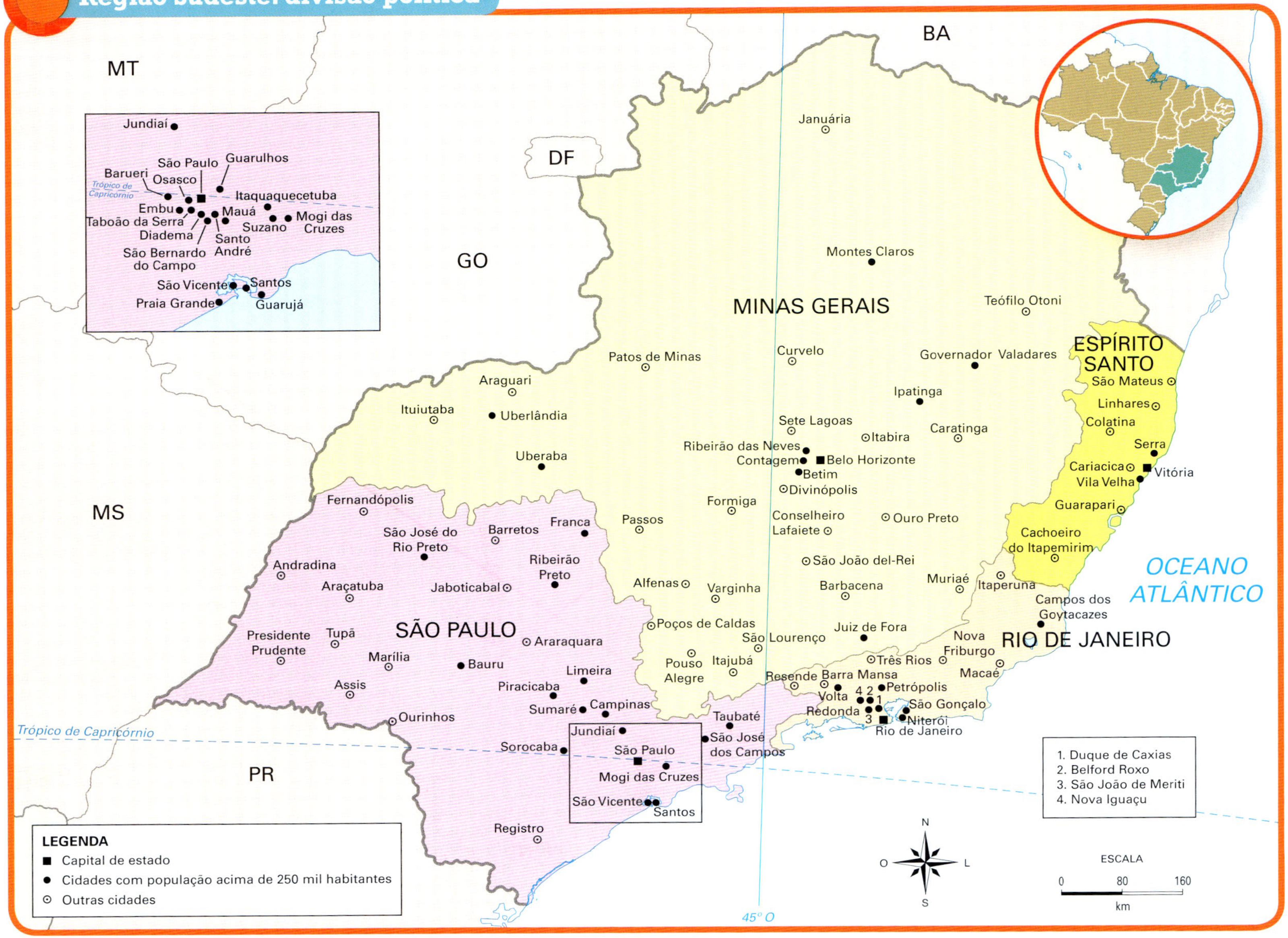

Adaptado de: IBGE. **Atlas geográfico escolar**. 6. ed. Rio de Janeiro, 2012. p. 171-174.

Região Sul: divisão política

55° O

MS · **SP**

Trópico de Capricórnio

PARAGUAI

ARGENTINA

URUGUAI

PARANÁ
- Paranavaí
- Maringá
- Rolândia
- Jacarezinho
- Londrina
- Cianorte
- Arapongas
- Apucarana
- Umuarama
- Campo Mourão
- Telêmaco Borba
- Castro
- Cascavel
- Ponta Grossa
- Guarapuava
- Curitiba
- Foz do Iguaçu
- Irati
- Campo Largo
- São José dos Pinhais
- Paranaguá
- Francisco Beltrão
- Pato Branco
- União da Vitória
- Porto União

SANTA CATARINA
- Mafra
- Joinville
- Chapecó
- Joaçaba
- Blumenau
- Itajaí
- Brusque
- Curitibanos
- Rio do Sul
- Lages
- Florianópolis
- Tubarão
- Criciúma

RIO GRANDE DO SUL
- Erechim
- Santo Ângelo
- Passo Fundo
- Vacaria
- São Borja
- Bento Gonçalves
- Caxias do Sul
- Uruguaiana
- Alegrete
- Santa Cruz do Sul
- Novo Hamburgo
- Santa Maria
- São Leopoldo
- Canoas
- Gravataí
- Porto Alegre
- Cachoeira do Sul
- Viamão
- Santana do Livramento
- Bagé
- Pelotas
- Rio Grande

OCEANO ATLÂNTICO

LEGENDA
- ■ Capital de estado
- ● Cidades com população acima de 250 mil habitantes
- ⊙ Outras cidades

ESCALA
0 — 60 — 120 km

Adaptado de: IBGE. **Atlas geográfico escolar**. 6. ed. Rio de Janeiro, 2012. p. 175-178.

16